2016年教育部高校示范马克思主义学院和优秀教学科研团队建设项目（16JDSZK093）阶段性成果

马克思诞辰200周年纪念文库
The 200ᵗʰ Anniversary Books for Karl Marx

马克思主义基本原理运用与高校思想政治理论课教学

常素芳 | 著

中央编译出版社
Central Compilation & Translation Press

图书在版编目（CIP）数据

马克思主义基本原理运用与高校思想政治理论课教学／
常素芳著．—北京：中央编译出版社，2019.4
ISBN 978-7-5117-3660-4

Ⅰ．①马⋯
Ⅱ．①常⋯
Ⅲ．①马克思主义理论—教学研究—高等学校②高等学校—思想政治教育—教学研究—中国
Ⅳ．①A81②G641

中国版本图书馆 CIP 数据核字（2018）第 284955 号

马克思主义基本原理运用与高校思想政治理论课教学

出 版 人：	葛海彦
责任编辑：	谭　伟
责任印制：	刘　慧
出版发行：	中央编译出版社
地　　址：	北京西城区车公庄大街乙 5 号鸿儒大厦 B 座（100044）
电　　话：	（010）52612345（总编室）　　（010）52612339（编辑室）
	（010）52612316（发行部）　　（010）52612346（馆配部）
传　　真：	（010）66515838
经　　销：	全国新华书店
印　　刷：	三河市华东印刷有限公司
开　　本：	710 毫米 × 1000 毫米　1/16
字　　数：	185 千字
印　　张：	14.5
版　　次：	2019 年 4 月第 1 版
印　　次：	2019 年 4 月第 1 次印刷
定　　价：	78.00 元

网　　址：www.cctphome.com　　　邮　　箱：cctp@cctphome.com
新浪微博：@中央编译出版社　　　微　　信：中央编译出版社（ID: cctphome）
淘宝店铺：中央编译出版社直销店（http://shop108367160.taobao.com）（010）55626985

本社常年法律顾问：北京市吴栾赵阎律师事务所律师　闫军　梁勤
凡有印装质量问题，本社负责调换，电话：（010）55626985

序

党的十九大召开后,按照党中央统一部署,中宣部、教育部立即组织对已出版的马克思主义理论研究和建设工程重点教材进行全面系统修订。目前,《马克思主义基本原理概论》《毛泽东思想和中国特色社会主义理论体系概论》《中国近现代史纲要》《思想道德修养与法律基础》4种高校思想政治理论课教材已完成修订并投入使用。2018年5月14日,全国高校思想政治理论课2018版教材使用培训班开班,如何用好讲好新修订的高校思想政治理论课教材?教育部陈宝生部长提出了"五确保",除了时间、空间、工作上确保进入之外,就是在方法上确保进入,既熟练应用马克思主义立场、观点、方法,又创新话语体系和教学体系,让教材真正活起来,做到作用和效果相统一;还有在思想上确保进入,要从落实立德树人根本任务的战略高度,带着立场、情感、温度来统筹推进新教材,做到感情和行动相统一。在以往的教学实践中,各高校思想政治理论课教师普遍反映,政治理论课内容之间存在重复交叉的矛盾。而思想政治理论教学中切实融入与应用马克思主义基本原理,则是推动马克思主义基本原理与思想思政理论课各门课程衔接、融合,建构整体性教学，有效避免思想政治理论课教学内容交叉重复、实现教材体系向教学体系的转化、知识体系向价值体系的转化的重要途径。

马克思主义基本原理是青年学生树立科学世界观、人生观、价值观的基础，当前我国马克思主义的研究比较成熟，也形成了较为丰富的研究成果。但同时也呈现出以下两个特点：

第一，对青年学生马克思主义理论教育研究比较少。当前的研究文献中对马克思主义生态观、人生观、历史观、道德观、宗教观的研究虽然有一些，但比较分散，针对青年学生的相关研究缺少整体性和系统性，对高校思想政治理论课如何运用马克思主义基本原理开展马克思主义教育的研究更少。

第二，对高校思想政治理论课如何正确运用马克思主义基本原理的问题缺乏深入、系统的研究。首先，当前的研究文献主要从马克思主义基本原理对青年学生世界观、人生观和价值观的影响出发，分析马克思主义基本原理对青年学生树立正确人生观和价值观的重要作用。但是却缺乏高校思想政治理论课如何正确运用马克思主义基本原理开展马克思主义理论教育的深入研究，有的要么仅仅着眼于马克思主义理论的研究，有的要么仅仅着眼于对思想政治教育本身的研究，从二者的结合点上进行的整体深入研究还不够。很多文章虽然都强调了马克思主义基本原理与中国具体实际相结合的应然性与必要性，但究竟要把什么样的马克思主义基本原理与什么样的"中国实际"进行结合？如何"结合"？具体结合点是什么？如何确保高校思想政治理论课正确运用马克思主义基本原理开展马克思主义理论教育的实然化研究比较少见。其次，对高校思想政治理论课如何正确运用马克思主义基本原理的研究缺乏宏观视野和微观视角相结合的研究。学术界对于青年学生马克思主义理论教育的研究多倾向于宏观方面,而对高校思想政治理论课运用马克思主义基本原理开展马克思主义理论教育的微观领域研究相对薄弱,缺乏深度研究。再次,实证性研究不足,提出的一些举措缺乏实践操作性。学术界研究成果较多地停留在宏观层面或理论层面,提出了颇有建设性的举措和思路,虽然这些举措具有较强的宏观指导性,但在具体的微观实践中大多缺乏可操作性。只有切实结合高校思想政治理论课的教学实践,方能准确反映高校思想政治理论课运用马克思主义基本原理开展马克思主义理论教育中存在的问题,并提出具有实效性的途径。

本书以马克思主义基本原理运用为切入点对青年学生马克思主义理论教育内容、作用进行了系统性论述,深入分析了高校思想政治理论课运用马克思主义基本原理的逻辑起点与现实旨归、内在理路与体系构建、切入途径与运用原则,并从宏观、中观与微观方面,回答了高校思想政治理论课正确运用马克思主义基本原理的内涵是什么,核心理念是什么,基本原则是什么等一系列的问题。在如何将马克思主义基本原理与青年学生思想政治教育结合起来,如何从教育向度、理论维度等方面探讨马克思主义基本原理与思想政治理论课各门课程衔接、融合、建构整体性教学体系,如何运用马克思主义立场、观点和方法分析新时代的重大现实问题,如何建立马克思主义的世界观、人生观、价值观、生态观、历史观等方面针对青年学生提出了切实而有效的解决方案。

本书是随着马克思主义研究趋势从宏观层面的研究逐步转入微观层面的背景下,旨在从高校思想政治理论课建设的角度为如何推动马克思主义基本原理的运用，提供具体的具有可操作性的研究。力求突出研究的前瞻性、时代性，从理论层面揭示马克思主义基本原理在思想政治理论教学运用中面临的挑战和困境，从操作层面展现高校马克思主义基本原理在思想政治理论教学中运用的实践和成果。

目录

上篇 理论篇 ··· 1

第一章 马克思主义基本原理与思想政治理论课教学 ············ 3
一、马克思主义基本原理 ··· 3
二、马克思主义基本原理的理论层次 ····························· 4
三、马克思主义基本原理的基本立场、基本观点与基本方法 ·· 5
四、马克思主义基本原理是世界观与方法论的统一 ········· 6
五、马克思主义基本原理与思想政治理论课教学 ············ 7

第二章 思想政治理论课运用马克思主义基本原理的逻辑起点与现实旨归 ·· 9
一、逻辑起点 ·· 9
二、现实旨归 ·· 14

第三章 思想政治理论课运用马克思主义基本原理的教育向度与理论维度 ·· 18

一、教育向度 …………………………………………………… 18
　　二、理论维度 …………………………………………………… 25
第四章　思想政治理论课运用马克思主义基本原理的认识偏误与
　　　　实践反思 ……………………………………………………… 30
　　一、认识偏误 …………………………………………………… 30
　　二、实践反思 …………………………………………………… 32
第五章　思想政治理论课运用马克思主义基本原理的内在理路与
　　　　体系建构 ……………………………………………………… 34
　　一、内在理路 …………………………………………………… 34
　　二、体系建构 …………………………………………………… 37
第六章　思想政治理论课运用马克思主义基本原理的切入途径与
　　　　实现方式 ……………………………………………………… 43
　　一、切入途径 …………………………………………………… 43
　　二、实现方式 …………………………………………………… 56
第七章　马克思主义基本原理与思想政治理论课结合的基本
　　　　原则 …………………………………………………………… 62
　　一、坚守"根"与"魂",着力把握教育的发展方向与
　　　　根本内核 …………………………………………………… 63
　　二、立足"新"、"活"、"实"、"动",着力教育的亲和力和
　　　　针对性 ……………………………………………………… 64
第八章　马克思主义基本原理与思想政治理论课结合的应用
　　　　探微 …………………………………………………………… 68
　　一、马克思主义矛盾分析法与社会主要矛盾的变化 ………… 69
　　二、马克思主义辩证思维与美丽中国的建设 ………………… 72
　　三、马克思主义发展动力观与全面深化改革 ………………… 75
　　四、共产主义远大理想和中国特色社会主义共同理想 ……… 83

  五、马克思主义唯物史观与人民为中心的政治立场 …… 87
  六、科学社会主义与共产主义理想的实现 ………… 90

下篇　方法篇　　　　　　　　　　　　　　　　95

第一章　马克思主义基本原理的方法论功能及实现 ……… 97
  一、马克思主义基本原理的方法论功能 …………… 97
  二、马克思主义基本原理方法论的内在要求 ……… 101
  三、马克思主义基本原理方法论的课程运用 ……… 109

第二章　马克思主义的人生观 ……………………………… 114
  一、马克思主义人生观的主要内容 ………………… 114
  二、确立马克思主义人生观的必要性 ……………… 115
  三、坚持马克思主义的人生观，砥砺奋进 ………… 116

第三章　马克思主义的世界观 ……………………………… 120
  一、马克思主义世界观的主要内容 ………………… 120
  二、确立马克思主义世界观的必要性 ……………… 121
  三、坚持马克思主义的世界观，实事求是 ………… 123

第四章　马克思主义的社会观 ……………………………… 125
  一、马克思主义社会观的主要内容 ………………… 125
  二、确立马克思主义社会观的必要性 ……………… 126
  三、坚持马克思主义的社会观，同向同行 ………… 126

第五章　马克思主义的价值观 ……………………………… 128
  一、马克思主义价值观的主要内容 ………………… 128
  二、确立马克思主义价值观的必要性 ……………… 129
  三、坚持马克思主义的价值观，志存高远 ………… 130

第六章　马克思主义的道德观 ……………………………… 143
  一、马克思主义道德观的主要内容 ………………… 143

二、确立马克思主义道德观的必要性 …………… 146
三、坚持马克思主义道德观,知行合一 …………… 148

第七章 马克思主义的生态观 …………… 164
一、马克思主义生态观的主要内容 …………… 164
二、确立马克思主义生态观的必要性 …………… 168
三、坚持马克思主义的生态观,和谐共存 …………… 170

第八章 马克思主义的历史观 …………… 178
一、马克思主义历史观的主要内容 …………… 178
二、确立马克思主义历史观的必要性 …………… 178
三、坚持马克思主义的历史观,清醒理智 …………… 184

第九章 马克思主义的职业观 …………… 187
一、马克思主义职业观的主要内容 …………… 187
二、坚持马克思主义职业观的必要性 …………… 191
三、坚持马克思主义职业观,敬业进取 …………… 192

第十章 马克思主义的实践观 …………… 194
一、马克思主义实践观的主要内容 …………… 194
二、确立马克思主义实践观的必要性 …………… 199
三、坚持马克思主义的实践观,务实实干 …………… 200

第十一章 马克思主义的生命观 …………… 203
一、马克思主义生命观的主要内容 …………… 204
二、确立马克思主义生命观的必要性 …………… 208
三、坚持马克思主义的生命观,积极担当 …………… 210

结 语 …………… 213

参考文献 …………… 215

上篇 01 理论篇

推进高校思想政治理论课课程间的整体性教学，是当前高校思想政治理论课程教学改革的大趋势。加强马克思主义基本原理在思想政治理论课教学中的融合与应用，通过以马克思主义基本原理的运用为切入点，将马克思主义全面有机地融入思想政治理论课教学体系，有利于整合思想政治理论课教学内容，加强思想政治理论各门课程之间的衔接，并进一步建构思想政治理论课的整体性教学。

把握思想政治理论教学和马克思主义基本原理运用在内容上的交叉点，秉持马克思主义的理论视野去认识现实工作和生活中的复杂问题，有利于帮助青年学生熟练掌握马克思主义的科学立场、观点及方法，提高运用马克思主义基本原理解决新时代中国发展问题的能力和水平，更有定力、更有自信、更有智慧地坚持和发展新时代中国特色社会主义，并以科学理论为指导认识和推动伟大时代的实践创新，真正依靠学习，推进发展、走向未来。

第一章　马克思主义基本原理与思想政治理论课教学

一、马克思主义基本原理

马克思主义基本原理是对马克思主义立场、观点、方法的集中概括，是马克思主义在其形成、发展和运用过程中经过实践反复检验而确立起来的具有普遍真理性的理论。它体现马克思主义的根本性质和整体特征，体现马克思主义科学性和革命性的统一。马克思主义基本原理体现的是作为一般意义上的世界观和方法论，是对自然界、人类社会和人类思维发展的最一般规律的解读和揭示，并在此基础上聚焦社会发展的客观规律，揭示科学社会主义和共产主义的必然性。相对于特定历史条件下所作的个别理论判断和具体结论，马克思主义基本原理具有普遍的、根本的和长远的指导意义。也就是说，马克思主义基本原理以辩证唯物主义为基础，以唯物辩证法为方法，以辩证唯物主义认识论为手段，从历史唯物主义的一般原理出发，在分析批判资本主义政治经济发展的基础上，最终指向科学社会主义和共产主义胜利的必然性。从这个意义上说，马克思主义基本原理不仅仅是一门知识，思想政治理论课教师通过理论讲授，教给学生一套理论，而是以增强青年学生运用科学世界观和方法论指导实践的能力为最终目标，即引导青年学生积极掌握和运用马克思主义的立场、观点和方法去认识、把握人类社会的发展规律，分析研判社会主义改革建设过程中的各种问题及其个人成长过程中的人生选择、自我发展等重大问题，树立科学的世界观和共产主义信仰，掌握科学的方法论，培养辩证的思维方式和能力，在促进社会主义实践与自我实践的双向发展中实现成长成才。

二、马克思主义基本原理的理论层次

中国人民大学的张雷声教授在《世界观、方法论相统一角度研究马克思主义基本原理整体性》中把马克思主义基本原理的理论整体分为三个层次，即辩证唯物主义和历史唯物主义的观点和方法、辩证唯物主义和历史唯物主义的观点和方法在人类社会发展的实践中运用而形成的基本原理，以及前两者在人类社会发展的不同阶段即资本主义社会、社会主义社会的实践中运用而形成的基本原理。辩证唯物主义和历史唯物主义的观点和方法在人类社会发展的普遍实践中运用而形成的基本原理，包括了社会形态和社会基本矛盾运动规律、人类社会再生产的四个环节、生产资料所有制、资本主义必然灭亡和社会主义必然胜利、人类从必然王国走向自由王国等，这些观点和方法构成了马克思主义基本原理理论整体的第二层次的内容。前两个层次的基本原理是在人类社会发展的不同阶段即资本主义社会、社会主义社会的实践中运用而形成的基本原理，包括了资本雇佣劳动、资本积累、资本主义基本矛盾、社会主义革命和无产阶级专政、社会主义本质、社会主义主要矛盾等。这些观点和方法构成了马克思主义基本原理理论整体的第三层次的内容。第二层次和第三层次的基本原理，反映了在理论运用于实践的过程中，亦即世界观转化为方法论的过程中形成的基本原理。因此，从总体上来说，马克思主义基本原理的理论整体是以世界观、方法论作为"灵魂"而形成的，而马克思主义基本原理理论整体则是通过世界观本身就是方法论和世界观转化为方法论两个方面得到展现的。

三、马克思主义基本原理的基本立场、基本观点与基本方法

马克思主义的基本立场，是马克思主义观察、分析和解决问题的根本立足点和出发点。马克思主义以无产阶级的解放和全人类的解放为己任，以人的自由全面发展为美好目标，以人民为中心，一切为了人民，一切依靠人民。

马克思主义的基本观点，是关于自然、社会和人类思维发展一般规律的科学认识，是对人类思想成果和社会实践经验的科学总结。这些基本观点主要包括：关于世界统一于物质、物质决定意识的观点，关于事物矛盾运动规律的观点，关于实践和认识辩证关系的观点，关于社会存在决定社会意识的观点，关于人类社会发展规律的观点，关于阶级和阶级斗争的观点，关于人民群众创造历史的观点，关于人的全面发展和社会全面进步的观点，关于商品经济和社会化大生产一般规律的观点，关于劳动价值论、剩余价值论和资本主义

生产方式本质的观点，关于垄断资本主义的观点，关于资本主义政治制度和意识形态本质的观点，关于社会主义必然代替资本主义的观点，关于社会主义革命和无产阶级专政的观点，关于无产阶级政党建设的观点，关于社会主义社会本质特征和建设规律的观点，关于共产主义社会基本特征和共产主义远大理想的观点等等。

马克思主义的基本方法是建立在辩证唯物主义和历史唯物主义世界观和方法论基础上，指导我们正确认识世界和改造世界的思想方法和工作方法。按其学科来划分，又分为哲学方法、经济学方法和社会学方法等。就其哲学方法来看，又可分为实践的方法、唯物主义的方法、辨证的方法和历史唯物主义方法等。其中的每一基本方法，又都有许多具体的方法。如在马克思主义辩证的方法中主要包括普遍联系的方法、实事求是的方法、辩证分析的方法、矛盾分析的方法、历史分析的方法、阶级分析的方法、矛盾分析的方法、分析与综合的方法、抽象上升到具体的方法、逻辑与历史相统一的方法等；如在历史唯物主义方法中，主要包括社会有机体结构分析方法、社会基本矛盾分析方法、阶级分析方法、历史主义的方法等。其中的每一具体方法，都有其特定的内容及其形式。这些方法作为马克思主义最基本的方法，对青年学生认识世界和改造世界具有普遍的适用性和指导意义。

四、马克思主义基本原理是世界观与方法论的统一

世界观，就是人们对整个世界的根本看法，它回答的是有关客观世界、人类社会和思维，以及人与世界的关系的最普遍的问题。

这一根本看法决定着人们认识、分析和处理各种问题的方法。恩格斯曾经对马克思主义世界观与方法论的关系作了经典的概括："马克思的整个世界观不是教义，而是方法。它提供的不是现成的教条，而是进一步研究的出发点和供这种研究使用的方法"①，"是人们最好的劳动工具和最锐利的武器②。"马克思主义方法论是马克思主义世界观具体运用的结果，是建立在世界观的基础之上的，没有世界观就没有方法论。但与此同时，马克思主义世界观又是通过方法论得到阐明的，方法论是世界观的具体化、现实化，方法论再现了世界观。一旦人们按照世界观的根本看法去认识世界、改造世界，或者把世界观的各种原理、原则用来指导对世界、现实的认识时，世界观就成了方法论。从这个意义上讲，马克思主义基本原理是世界观与方法论的统一。

五、马克思主义基本原理与思想政治理论课教学

对青年学生开展马克思主义基本原理教育，是思想政治理论课课程的核心内容，是提高思想政治理论课教学实效的重要途径。高校思想政治理论课教学的主要任务在于对大学生进行系统的马克思主义理论教育，帮助他们树立正确的世界观、人生观、价值观，提高运用马克思主义立场、观点、方法分析解决问题的能力。显然，思想政治理论课承担着知识传授、能力培养和世界观教育三个层次内在统一的教学任务，承担着把大学生培养成知识、能力、素质三

---

① 《马克思恩格斯全集》第39卷，人民出版社1974年版，第406页。
② 《马克思恩格斯选集》第4卷，人民出版社1995年版，第239页。

者相统一的社会主义建设者和接班人的重要任务。如果说，思想政治理论课教学要使大学生能够完整准确地掌握马克思主义基本原理，使他们系统了解并掌握马克思主义理论所揭示的科学真理，是一种知识教育的话，那么，很显然，对大学生进行的马克思主义方法论的教育就是一种能力教育。也就是说，让他们掌握马克思主义基本原理的目的在于，要求他们具备能够运用马克思主义的立场、观点、方法来分析问题和解决问题的能力。思想政治理论课关于马克思主义方法论的教育，不仅可以培养和增强大学生的思维能力和从事实践活动的能力，帮助他们掌握正确观察、分析和解决问题的方法，正确应对不断变化的现实。

第二章　思想政治理论课运用马克思主义基本原理的逻辑起点与现实旨归

一、逻辑起点

（一）有助于思想政治理论课教学真正发挥马克思主义理论的方法论作用

青年学生是我们国家的未来、民族的希望，是建设中国特色社会主义事业的主力军，肩负着中华民族伟大复兴的历史重任。高校思想政治理论课教学的主要任务在于对青年学生进行系统的马克思主义理论教育，帮助他们树立正确的世界观、人生观、价值观，提高运用马克思主义立场、观点、方法分析解决问题的能力。对青年学生进行马克思主义基本原理教育，是思想政治理论课主干课程的核心内容。思想政治理论课运用马克思主义基本原理开展马克思主义理论教育，一方面，不能只是停留在对学生进行知识传授上，因为思想政治理论课课程中的许多内容青年学生们从小学就开始学，如果一直着重于知识教育的话，势必会引起学生的反感和抵触，这就要求教师必须将方法论内化在理论的教学中，着重培养青年学生运用马克思主义立场、观点、方法分析问题的能力。总的来说，思想政治理论课运用马克思主义基本原理的目的就是让青年学生将马克思主义基本原理的观点、方法"内化于心，外化于行"，恩格斯更是一再强调："马克思的整个世界观不是教义，而是方法。它提供的不是现成的教条，而是进一步研究的出发点和供这种研究使用的方法。"① 思想政治理论课教师不仅要把马克思主义作为系统的知识进行讲解，更要高度重视马克思主义的方法论意义，让学生掌握其精神实质，弄明白马克思主义的生命力就在于站在无产阶级立场上，对现实问题的辩证分析。因此，在教学中，教师要帮助学生将马克思主义基本立场、基本观点与基本方法运用于分析社会现实问题，才能更好地体现出马克思主义的生命力。诚如1895年恩格斯在《致威纳尔·桑巴特》信中所言，马克思主义不是教条，而是行动的指南，如果忽视这一特点，"就会把马克思主义变成一种片面的、畸形的、僵死的东西，就会抽掉马克思主义的活的灵魂，就会破坏它的根本的理论基础———辩证法……"② 习近平2015年1月在主持中央政治局第二十次集体学习时强调"要学习掌握唯物辩证法的根本方法，不断增强辩证思维能力，提高驾驭复杂局面、处理复杂问题的本领。我们的事业越是向纵深发展，就越要不断增强辩证思维能力"。

---

① 《马克思恩格斯文集》第10卷，人民出版社2009年版，第691页。
② 列宁：《论马克思主义》，人民出版社2009年版，第157页。

（二）有助于消解高校思想政治理论课程之间缺乏有效贯通的困境

高校思想政治理论课教学既要突出思想政治理论课课程内部章节内容的整体性，又应重视课程之间教学的有机关系和内在逻辑性。从思政课教学实际看，虽然大多数教师积极探索各学科内部的整体性教学方式，但往往忽视了课程之间的内在联系，在教学中存在着不同学科各自为战、课程之间内容重复、课程间衔接不够等问题。推进高校思想政治理论课的整体性教学，是当前高校思想政治理论课教学改革的大趋势。要推进各高校思想政治教师整体性教学的积极性，充分发挥思想政治理论课教师整体性教学的作用，就必须找到足以支撑整体性教学的重要平台。较之于其他思想政治理论课教学发挥思想政治教育功能而言，马克思主义基本原理教育的思想政治教育功能的发挥具有自身特殊的规律和显著的特点，从马克思关于马克思主义的研究到中国化马克思主义形成的发展过程体现的正是历史整体性的角度。中国共产党把马克思主义基本原理与中国的具体实际结合起来，在实践中不断探索马克思主义基本原理的中国化。这一过程不仅是一个运用已有的马克思主义基本原理对实践的发展变化进行科学分析和探索的过程，同时也是一个提出解决问题的正确观点和方法，并将其概括为新原理的过程，即形成中国化的马克思主义的过程。从整体角度把握马克思主义的历史发展，展现在我们面前的必然是科学的、完整的、系统的、立体的马克思主义的理论体系。马克思主义整体性的本质特征要求思想政治理论教育亦应发挥其整体性和结合性的特点，这对思想政治理论课教师提出了把理论原理、理论运用与理论发展相统一、把科学真理与科学精神相统一的高要求。可以说，思想政治理论课整体性研究越深入，理论成果越显著，理论课建设的学理基础则越坚实宽厚，越能为思想政治理论课教学提供科学依据，彰显其真理性，真正帮助学生弄清楚什么是马克思主义，如何坚持和发展马克思主义；真正帮助学生深入了解和系统掌握马克思主义科学体系、深刻内涵、主要内容和精神实质，正确认识人类社会发展的一般规律、资本主义社会矛盾运动的规律、社会主义社会变革和建设的规律，马克思主义政党建设和执政的规律，从而使之真正成为一门学生受益终身、真心喜爱的课程。而思想政治理论课运用马克思主义基本原理开展教育则是思想政治理论课衔接、实施整体性教学打开新局面，思想政治教育跃上新台阶的重要突破口。

（三）有助于实现立德树人根本任务的必然要求

青年学生作为祖国的希望、民族的未来，是一个国家得以长久发展和进步的根本，应该培养他们具备历史责任感，敢于担当、勇于挑战，不断推进社会主义建设事业得到更好、更快发展。当今的中国如果要实现全面、可持续发展，就需要各个领域的人才提供源源不断的发展动力。将他们结合起来共同推进社会主义事业进步的同时，更不能忽视青年学生的价值观念取向，青年学生的思想政治素质与价值取向也直接关乎未来中国特色社会主义事业发展进步的方向。培养、塑造自由而全面发展的人才是高校教育的职责。高校既要注意加强对学生完整知识体系的构建，又要着力加强主流意识形态教育。思想政治理论课课程是实现立德树人根本任务的主渠道。思想政治理论课的课程目标定位，关系到我们立党立国的根本指导思想，关系到社会主义核心价值体系的灵魂，关系到全国各族人民团结奋斗、建设中国特色社会主义的共同理论基础和思想根基。所以无论哪一门思想政治理论课课程，其共同的特点就是知识性与意识形态性的统一。而思想政治理论课运用马克思主义基本原理开展教育，则有效实现了思想政治理论课知识性与意识形态性的统一，不仅可以培养和增强大学生的思维能力和从事实践活动的能力，帮助他们掌握正确观察、分析和解决问题的方法，而且有助于培养出政治素质高、理论方向正确、具有较高的马克思主义素养和理论功底，并能用马克思主义立场、观点和方法分析研究当代现实问题的人才。因此，教师以思想政治理论课运用马克思主义基本原理为切入点，围绕思想政治理论课教学的基本内容和脉络，紧密结合时代的变化和发展，关注社会的热点和难点问题，了解大学生现实思想中的迷茫和疑惑，必将有利于实现立德树人的根本任务。

（四）有助于为学生提供观察当代世界变化的认识武器

首先，马克思主义给予青年学生观察当代世界的宏大视野。我们不仅生活在当代中国，也生活在当代世界；中国不仅是世界的一部分，而且正日益走近世界舞台中央。我们需要立足中国、放眼世界，用更加宏大开阔的视野来观察社会。对我们来说，这种宏阔视野的形成和培养，离不开马克思主义基本原理的帮助。马克思主义是科学的世界观和方法论，是无产阶级和全人类解放的科学指南，它能够站在科学和时代的制高点上观察事物和现象，从而具有极为广大的视野。"不畏浮云遮望眼，只缘身在最高层。"用这样的胸怀、站位和视野来观察当代世界，青年学生就能超出自身狭隘的眼界，看到世界多种多样的联系，把握当今世界整体上的真实，为自己确立合理的定位。其次，马克思主义给予青年学生透视时代风云的锐利目光。当今世界风云变幻，世界格局正处在加速演变的进程之中，产生了大量深刻复杂的现实问题，提出了大量亟待回答的理论课题。要把握和澄清这些问题，就必须学会马克思主义基本原理观察和分析问题的方法。习近平指出："我们看世界，不能被乱花迷眼，也不能被浮云遮眼，而要端起历史规律的望远镜去细心观望。"① 再次，马克思主义还给予了我们展望未来世界的长远眼光和战略定力。观察当今世界局势和社会发展，不仅要看到现状，更要看到未来；不仅要把握变化脉络，更要观察演化趋势。只有眼光超前、先行一步，才能在世界变化中掌握主动，立于不败之地。用这样的目光来观察当今世界，就会将世界的变化和发展尽收眼底，从中发现其运行和演化的趋势和方向。所以，在各门思想政治理论课课程中引导学生掌握马克思主义基本原理，实际上就是为学生提供了观察当代世界变化极其锋利的认识武器。

二、现实旨归

（一）体现思想政治理论课的"实践性"

马克思主义是实践的理论，指引着人民改造世界的行动。实践的观点、生活的观点是马克思主义认识论的基本观点，实践性是马克思主义理论区别于其他理论的显著特征。实践既是整个社会生活的现实基础，也是社会生活本身，也是教育的目标指向。是思政课教学的重要特性和应有品质。"实践性"在思政课教学中应得到整体上的凸显，而马克思主义"把握实践问题—解决实践问题"的理论

---

① 《习近平出席中央外事工作会议并发表重要讲话》，新华网，2014年11月29日。

内蕴，彰显其"改变世界"的实践精神实质，能很好地展现思想政治理论课的"实践性"。思想政治理论课的"实践性"指的是思想政治理论课教师在思想政治理论课的教学过程中，坚持理论联系实际的原则，即在阐明马克思主义基本原理及其方法论原则的基础上，要着意运用马克思主义的基本原理分析和解决现实生活中的问题。这样做的结果，具有多方面的效应：其一，可用事实进一步证明马克思主义理论的科学性和价值性，使学生达到对马克思主义及其方法论的科学认同和价值认同；其二，有利于学生在学习过程中巩固有关马克思主义基本原理的知识，加深对马克思主义精神实质的理解；其三，帮助和引导学生提高马克思主义理论及其方法论的运用能力，以及分析问题和解决问题的实际能力。总的来说，思想政治理论课运用马克思主义基本原理有利于体现思想政治理论课的"实践性"。

1. 马克思主义基本原理是理解新时代中国特色社会主义建设伟大事业的理论基础

马克思主义基本原理为我们中国特色社会主义建设提供了理论基础。从我们党成立开始，马克思主义基本原理一直在指导着我们，让我们党在不断实践中帮助全国人民推翻压迫，实现解放。马克思主义基本原理是我们发展中的思想武装，从理论和方法上为我们社会主义的发展提供科学的指导。实践证明，马克思主义为中国革命、建设、改革提供了强大思想武器，使中国这个古老的东方大国创造了人类历史上前所未有的发展奇迹。我们党的历代领导人也都强调马克思主义的重要性，一直把坚持马克思主义作为党的指导思想。我国正处在社会主义初级阶段，社会主义的建设还不完善，所以我们要坚持马克思主义基本原理，正确指引我们所选择的道路，继续为我们党、为我们的人民服务，继续建设中国特色社会主义事业，这也彰显了马克思主义的鲜明政治立场。马克思主义基本原理是一切先进生产力对先进生产关系的诉求，生产关系和生产力要相互适应，这是制定科学政策的依据。新时代，面对建设中国特色社会主义的伟大事业，我们更要坚持马克思主义道路，理清生产力与生产关系的规律，发扬社会主义制度的先进性，在不断前进的道路上用先进的马克思主义基本原理来指导我们的中国特色社会主义建设事业的发展。

2. 马克思主义基本原理是正确理解实现中国梦及中华民族复兴的理论武器

坚持马克思主义基本原理一直贯穿着我们党的事业的发展，我们在马克思主义基本原理的指导下，社会不断得到发展，综合国力不断得到提升，人民的生活不断得到改善。这正是因为有了马克思主义基本理论的正确指导，我们党才能在建设中抓住重点，才能以发展的眼光看待一切，才能正确处理局部和整体的关系，才能在实践中走群众路线。正是这种先进的理论和科学的指导，使我们国家不断富强，让我们的民族得到振兴，并推动我们民族的不断强大和人民生活幸福感的不断提升为中国梦和民族复兴的实现奠定了坚实的基础。虽然由于我国特殊的国情，在当今的社会发展中仍然存有一些社会问题，面对复杂的社会环境，我们仍需要马克思主义基本原理的科学理论来武装我们的思想，来指导我们的实践，为实现中国梦的伟大梦想而努力，为中华民族的复兴而奋斗。

3. 是反对错误社会思潮、增强意识形态安全的现实需要

新媒体时代的到来，一方面给人们的社会生活带来了极大的便

利,另一方面新媒体也潜藏着极大的隐患,成为各种错误社会思潮如历史虚无主义、新自由主义、西方宪政民主、"普世价值"论等错误思潮的集散地。"在有的领域中马克思主义被边缘化、空泛化、标签化,在一些学科中'失语'、教材中'失踪'、论坛上'失声'。这种状况必须引起我们高度重视。"① 因此,"在事关大是大非和政治原则问题上,必须自觉以马克思主义增强主动性、掌握主动权、打好主动仗"②,思想政治理论课教师应坚持用辩证唯物主义和历史唯物主义方法论分析问题,帮助青年学生"划清是非界限、澄清模糊认识"。帮助青年学生认识到历史虚无主义的实质就是通过歪曲党史军史国史、抹黑党的领袖,污化英雄人物,诋毁中国传统文化,虚无化马克思主义等,从而达到削弱青年学生对中国共产党的信任,腐蚀青年学生对主流意识形态认同的文化根基,否定马克思主义的指导地位的目的。随着社会发展的加快与改革开放的深入我国在意识形态建设方面面临的形势异常严峻,青年学生如果没有正确的理想信念的引领,必然容易受到错误社会思潮的左右和干扰。高校思想政治理论课教师的三尺讲台就是舆论宣传的最前沿,因此,思想政治理论课教师要善于运用马克思主义的理论范畴、思想观点、语言范式,通过其科学性、严谨性、学术性彰显其强大的意识形态功能,从而在根本上坚持马克思主义指导思想的地位,坚持社会主义的发展方向。并通过引导学生用马克思主义的立场、观点和方法分析热点、难点问题,使青年学生形成反对历史虚无主义、新自由主义等错误社会思潮的主体力量。

---

① 《习近平谈治国理政》第 2 卷,外文出版社 2017 年版,第 329 页。
② 《习近平总书记重要讲话文章选编》,中央文献出版社 2016 年版,第 204 页。

第三章　思想政治理论课运用马克思主义基本原理的教育向度与理论维度

一、教育向度

思想政治理论课是思想政治教育的重要组成部分。张耀灿教授指出，思想政治教育是指一定的阶级、政党、社会群体遵循人们思想品德形成发展规律，用一定的思想观念、政治观点、道德规范，对其成员施加有目的、有计划、有组织的影响，使他们形成符合一定社会、一定阶级所需要的思想品德的社会实践活动，这是一个系统，其基本要素包括思想政治教育主体（承担者、发动者和实施者、思想政治教育客体接受者和受动者）、思想政治教育介体（思想政治教育信息内容或教育方式）、思想政治教育环体（外部环境）。

（一）教育主体

思想政治理论课教师是思想政治教育实施的关键环节，教师对自身的定位首先是针对教材而言，做好理论的讲授。同时，要有课堂把控与引导的责任，发挥导思、导向的主导性作用，这就要求思想政治理论课教师具有扎实过硬的专业基础知识，同时还要有沟通、协调、引导能力。对于教学中的重点马克思主义基本原理，思想政治理论课教师更有必要将其讲清、讲深、讲透，达到以点带面、提纲挈领地讲透彻马克思主义基本原理理论内涵的效果。在讲授重点问题的过程中，要注重系统化，不要为原理而原理，只及一点不及其余，结果只能造成原理的零散和碎片化，缺乏历史厚重感，割裂了马克思主义的整体性。为避免这种现象产生，教师要有足够的文本知识储备。在讲授重点问题时，要回到历史的起点，即回到马克思经典著作中去。恩格斯在《资本论》第三卷序言中批评斯蒂贝林博士对马克思"固定的利润率"所做的不合事实的结论，强调阅读原著的重要性，他说："一个人如想研究科学问题，首先要在利用著作的时候学会按照作者写的原样去阅读这些著作，首先要在阅读时，不把著作中原来没有的东西塞进去。"[①] 教师要用经典著作自身的清晰逻辑和对该问题的辩证分析帮助学生掌握马克思主义经典著作在马克思主义理论体系中所具有的理论逻辑及其现实生命力。对此，在讲授马克思主义基本原理的过程中，思想政治理论课教师必须要有足够的知识储备，开阔的理论视野，正确把握西方哲学史、资本主义发展史和社会主义500年的发展史，将马克思主义放在人类发展的总体进程中去，彰显马克思主义的科学性和发展性。此外，思想政治理论课教师的主导性还要体现在教师对学生思维方式和价值取向的引导。培养青年学生思维的过程是一个长期艰苦的思维训练过程，需要遵循思维形成的客观规律性，引导青年学生将旧有观念

---

① 《马克思恩格斯文集》第7卷，人民出版社2009年版，第26页。

中正确的、先进的、科学的思维习惯继续保持，将观念中错误的、落后的、不科学的部分抛弃。在新媒体时代，由于信息传递纷繁杂乱、多元价值观念并存，而青年学生正处于世界观、人生观、价值观塑造的关键时期，思辨能力又不成熟，极可能在不设防的状态下潜移默化地受到了各种腐朽、错误的思想侵蚀。新媒体有其传播快捷性、表达交互性、内容随意性、言论自由的特征，这对当前高校思想课教师提出了新挑战。鉴于此，教师理应自觉做共产主义远大理想和中国特色社会主义共同理想的坚定信仰者，引导学生学会正确辨别、判断、分析纷纭复杂的社会信息，成为社会主流价值观引导者及正能量的传递者，在多元中确立主导，以马克思主义科学性的理论魅力和比较优势去赢得学生的尊崇与信仰。对此，教师一是要有较强的理论功底。开展马克思主义理论教育，需要传播者在开展教育时，提高自身的学习能力、归纳能力、理解能力，首先自身要准确地把握马克思主义基本原理，不能歪曲或误解马克思主义基本原理的应有之意。只有准确地把握马克思主义基本原理，才能实现教育的意义与价值。二是要有"一专多通"的知识结构，能多视角地阐发马克思主义基本原理；三是教师一定要牢固树立整体性意识，从整体上认识和把握马克思主义，而且要认清课程性质，处理好意识形态性和科学性的关系，遵循意识形态工作规律。因为意识形态工作是党的一项极其重要的工作，关乎旗帜、关乎道路、关乎国家政治安全，是高校思想政治教育的重要任务，也是每一个思想政治理论课教师的重要任务。

(二) 教育客体

青年学生是国家的中坚力量，肩负着祖国的希望和未来。在思想政治教育实践中,很多思想政治理论课教师最深的感触就是,思想政治理论课通常是合班上课,有文科的,也有理科的,有医学的,也有工科的,他们的知识层次千差万别。面对不同的群体,怎样讲、讲什么,是教师不得不思考的问题。青年学生群体,不论是文科学生,还是理工科学生,他们一方面喜欢追捧热点新闻,另一方面也喜欢对国际重大形势的关注。但他们在分析国际国内重大事情时,由于知识面的限制,激情胜于理性,他们对一些问题的看法往往停留在表面而没有看到问题的实质,只看问题的一方面而没有看到另一方面。进入新媒体时代,青年学生信息接收途径更加广泛,主流文化与非主流文化交融激荡,由于受到多元文化的影响,他们对那种自由言说的方式和无拘束性的言论表现出更多的关注,这些方式和言论使得个体最原初的心理和精神得到释放,但同时也使学生对被动接受既定道德规范和合乎规范性的教育内容出现反叛。如果教师能把马克思主义基本原理中的联系观点运用到对问题的分析中,让同学明白联系的特点——客观性、普遍性、多样性和条件性,明白现象和本质的、偶然和必然的辩证关系,便能很好地培养学生的战略思维能力、辩证思维能力和历史思维能力。由此可见,思想政治理论课运用马克思主义基本原理开展教育,目的是将马克思主义的基本观点、基本立场、基本方法真正能够"植入"青年学生的头脑,使其确立正确的世界观、人生观、价值观,树立马克思主义信仰。习近平指出:"青年是标志时代的最灵敏的晴雨表,时代的责任赋予青年,时代的光荣属于青年。"[1] 青年是祖国的未来、民族的希

---

[1] 《十八大以来重要文献选编》(中),中央文献出版社2016年版,第2页。

望。青年兴则国家兴，青年强则国家强。实现中华民族伟大复兴的中国梦，夺取新时代中国特色社会主义的伟大胜利，将全国各族人民的共同理想变为现实，需要一代又一代有志青年接续奋斗。青年一代的理想信念、精神状态、综合素质，是一个国家发展活力的重要体现，也是一个国家核心竞争力的重要因素。青年一代有理想、有本领、有担当，国家就有前途，民族就有希望。为此，当代青年学生要坚定理想信念，自觉做中国特色社会主义共同理想的坚定信仰者、忠诚实践者；深入学习马克思主义基本原理及马克思主义中国化的理论成果，特别是学习习近平新时代中国特色社会主义思想，让真理武装自己的头脑，让真理指引理想，让真理坚定信仰；要坚持学而信、学而用、学而行，把学习成果转化为不可撼动的理想信念，转化为正确的世界观、人生观、价值观，用理想之光照亮奋斗之路，用信仰之力开创美好未来。

（三）教育介体

传统的思想政治教育主张教育者对受教育者的言传身教，是一种单向教育模式，学生处于被动接受的地位，缺乏互动性。这种思想政治教育方法的最大长处是针对性强、反馈及时，有利于青年学生接受正面思想，实现思想政治教育的预定目标。而新媒体则打破了传统教学活动的时间与空间界限。通过各种新媒体，思想政治理论课教师可以获得各种信息资料，青年同样可以获得。当前，学生使用手机上网已经成为常态，而宽带无线接入技术和移动终端技术的飞速发展及其产生的大量数据，也极大方便了学生的学习、娱乐和生活交往，学生可以随时随地搜索、阅读相关信息，开展思想交流互动。这使得教育不应是单向的灌输，而应是双向的对话与交流，是积极的回应和引导。因此,马克思主义理论教育既要注意理论体系的科学性、逻辑性和完整性,又要注意课程内容的可理解性和学生的接受度。因此,对高校思想政治理论课教师如何主动学习并运用新媒体技术提出了新的挑战。在思想政治教育的基本要求和通用原则下,思想政治理论课教师要根据马克思主义理论学科发展的规律,改变线性、单向的教学过程,创新马克思主义话语表达方式,创造虚拟的教学情境,探究最合适的基于学生实际和教学内容的,基于师生互动交流、意义共享、共同探究、视界共融的教学方法与课堂形态在教学实践中,许多思想政治理论课教师探索了一些卓有成效的教育方式与方法。如问题式专题教学法,如"我眼里的幸福生活"(物质与意识的辩证关系原理)、"互联网如何改变了我们的生活"(利用辩证思维的观点)、新时代的青年学生如何树立人文精神和科学精神(真理和价值关系分析)等,带着热点、焦点和难点问题进行专题教学,突出教学的针对性和思想性,是传播马克思主义基本立场、观点和方法,是培养学生马克思主义理想信念的有效教学方式。它不仅能处理好教材知识体系取舍与马克思主义整体性衔接的问题,而且能协调教学内容与教学课时、理论相对稳定性与实践发展性、理论科学性与学生针对性之间的矛盾,这是推动马克思主义基本原理由教材体系向教学体系转化的理想途径。此外,推动传统媒体与新兴媒体在内容、方式、平台、渠道和管理等方面的深度融合发展,探索构筑交叉融合、立体多元、精准对接的校园"微"传播体系,这有助于高校在校内校外、线上线下、课上课下六个维度上形成合力,推出一批有态度、有温度、有厚度、有力度的马克思主义理论教育栏目,构筑与学生思想沟通的新渠道。目前,许多高校思想政治理论课，教师通过微信公众号，为学生提供或引导学生对马克思主义经典著作进行诵读、欣赏、评析。这种方式有利于使传统的自上而下式的填鸭式教学向扁平的民主化参与式教学转化，多管齐下使马克思主义原理真正走入学生的内心并转化为他们认同的理念。

（四）教育环体

在新媒体时代，随着学生思想的选择性、多元性、多变性和独立性等特征的明显增强，思想政治理论课教师对于现实问题，应克服被动、消极的防范心理，不能单纯地告诉学生应该想什么、做什么，不应该想什么、做什么；不能简单地围绕"正确"和"理想"的价值观贯穿课堂教学，而应该采取自信、开放的姿态，注重对现实问题的回应，让学生面对现实、在社会现实中让学生对马克思主义形成自觉的认同。也就是说，新媒体时代，信息再多样和繁杂，也取代不了生动鲜活的社会现实对学生的深刻影响。对此，思想政治理论课教师应创造性地开展社会实践活动，着力构筑与寻找与马克思主义理论体系相承接的实践平台和其他合力，带领青年学生走出网络世界，走进社会、企业和社区，在真实丰富的社会环境与社会现实中，让青年更多地多角度、多方面地主动探究和积极体验，在感性直观的认识过程中理解马克思主义理论与基本原理的科学性与真理性；带领学生参观革命遗址，感受革命历史遗迹里的红色情怀，开展红色资源为主题的情景模拟、亲身体验、直接感悟。红色资源是中国共产党在长期的革命、建设和改革过程中，将马克思主义与中国实际相结合所形成的具有中国化的历史遗存、革命精神和优良传统。红色资源与马克思主义在核心内容、思想精髓、价值取向上具有一致性。红色资源蕴涵了推动马克思主义的精神诉求，并为推进马克思主义提供了重要载体。习近平总书记多次谈到对红色资源的发掘弘扬问题。"我们要铭记光辉历史、传承红色基因，在新的起点上把革命先辈开创的伟大事业不断推向前进。要发扬红色资源优势，深入进行党史军史和优良传统教育。"①"要把红色资源利用好、把红色传统发扬好。"红色资源承载着党的光辉历史和优良传统，经久不衰、历久而弥新，具有政治导向、文化传承、思想教育、历史镜鉴等时代价值。通过红色资源这一载体开展马克思主义理论教育，目的在于让青年学生在潜移默化中接受思想教育，在教育中情感受到冲击、心灵得到净化、灵魂得到触动，真正认同马克思主义的意蕴与魅力。同时，开展马克思主义理论教育，要打破孤岛教育模式，加强部门合作，思想政治理论课教师要主动配合学校其他教育载体，如心理辅导、党建、校园文化建设招生等，依托学校行政与后勤、招生就业等教化力量，"使各类课程与思想政治理论课同向同行，形成协同效应"②。

二、理论维度

（一）目标维度

《〈中共中央宣传部教育部关于进一步加强和改进高等学校思想

---

① 2017年7月，习近平在中国人民革命军事博物馆参观"铭记光辉历史开创强军伟业——庆祝中国人民解放军建军90周年主题展览"时的讲话。
② 《把思想政治工作贯穿教育教学全过程开创我国教育事业发展新局面》，载《人民日报》，2016年12月9日。

政治理论课的意见〉实施方案》中明确地提出:"马克思主义基本原理,着重讲授马克思主义的世界观和方法论,帮助学生从整体上把握马克思主义,正确认识人类社会发展的基本规律。"因此,在具体的课堂教学中,高校思想政治理论课教师必须始终围绕"什么是马克思主义、为什么要坚持马克思主义、怎么坚持和发展马克思主义"的主题,以"什么是马克思主义的基本观点、基本方法、基本立场以及如何运用马克思主义基本观点、基本方法、基本立场揭示人类社会发展规律"为主线,遵循马克思主义基本原理,从总体上研究和掌握马克思主义,给学生以马克思主义的完整概念,并引导学生学会运用马克思主义立场、观点和方法来分析现实社会问题、认识问题和科学发展中的问题,不断坚定马克思主义的理想信念。

由于思想政治理论课的教材是服务于对青年学生进行思想政治教育这一教学目的,因而教材建设和教材体系的构建就不但要考虑马克思主义学科体系的要求,而且还必须考虑青年学生的思想实际和思想政治教育的规律性。这样,就会显现出学科体系与教材体系的某些区别。如马克思主义理论是完整系统的科学,但思想政治理论课中运用马克思主义基本原理开展教育则不必过分追求马克思主义学科体系的完整性和系统性,也不必过多关注具体知识的讲授、诠释理论与原理的逻辑关联与体系结构;不必过多注重理论知识传授的逻辑是否缜密、结构是否完整、条理是否清晰,而是立足于向学生阐明马克思主义基本立场、观点和方法,揭示人类社会发展规律,帮助其树立正确的世界观、历史观、人生观、价值观和远大的社会理想,注重青年学生的主体性、创造性和情感需要,提高他们运用马克思主义基本原理分析和解决当前重大理论与现实问题的能力。

而且在马克思主义基本原理教育中,其政治性、时代性、科学性、思想性和人民性都是非常突出的。而将这几个方面有机统一进来,以时代性、科学性为基础,以思想性和人文精神为主导,以培养学生马克思主义基本立场、观点、方法和共产主义信念为根本,则是马克思主义基本原理的基本教学目标。所以,马克思主义基本原理教育不应侧重于一般概念和知识的系统完整性,而应强调一种方法、一种理念、一种信仰,凸显马克思主义的科学性和强大生命力,以及运用马克思主义分析当代世界和中国发展中现实问题的立场、态度和方法。唯有以此作为教学准则,才能正确处理教学知识内容全面性、系统性同教学目标及教学效果之间的关系,才可能从根本上对教材知识体系和教学知识体系作出正确取舍,才可能协调马克思主义基本原理整体性、系统性与思想政治教育的关系,才可能为推动教学方法改革和教学体系构建提供正确方向,才可能真正抓住教学重点、难点和关键点,提高思想政治理论课运用马克思主义基本原理开展马克思主义理论教育的教学效果、实现相应的教学目标。

(二)价值维度

马克思主义理论教育不仅仅是知识教育,或者主要不是知识教育。马克思主义理论教育"要精,要管用"的原则应当成为思想政治理论课运用马克思主义基本原理开展马克思主义理论教育的一条重要原则。所谓"精"就是重点研究和讲授马克思主义的精髓与核心。所谓"管用"就是对帮助青年学生树立正确的世界观、人生观、价值观有价值,也就是要重点把握马克思主义的世界观、方法论和人类社会发展的一般规律。具体来说,思想政治理论课运用马克思主义基本原理应从以下维度着手开展马克思主义理论教育。第一,学生全面发展的维度。马克思主义最高价值目标是实现人的自由全面发展，《中共中央国务院关于进一步加强和改进大学生思想政治教育的意见》强调青年学生思想政治教育要"以大学生全面发展为目标"。教学模式"贯彻主体性和发展性的价值理念"。就学生而言，就是要着眼于学生成长成才的发展需要，以学生在知识、能力、素质、个性、人格等方面的全面发展为主旨，教学过程从知识传承导向转变为问题探究导向，并在实现教学体系转化为学生认知体系和信仰体系的过程中，坚持贴近实际、贴近生活、贴近学生的原则，尤其是贴近学生的学习、生活、思想实际，建构能被学生接受的知识体系和信仰体系，才能够通达学生的头脑，才能够提高学生学习马克思主义基本原理的兴趣，有效地激发学生的求知欲望、探究意识和发展潜能，发挥学生在自身发展中的主观能动性和主体作用，注重培养学生创新精神和创新能力。通过思想、精神、思维、观念等的力量促进青年学生向上、求真、至善、臻美，为其终身发展奠定思想政治素质基础，教学评价强调学生的未来发展。第二，国家发展维度。思想政治理论课运用马克思主义基本原理开展马克思主义理论教育，必须能够紧跟时代发展趋势，关注社会现实，审视社会现象，研究社会问题。贴近学生的学习、生活尤其是思想实际，必须对我们身处的这个时代有一个理性的认识与分析，我们才能真正理解学生的所思所想，真正贴近学生的思想实际。因为对于尚未完全形成主体自觉意识、分辨选择能力以及批判否定能力的青年学生而言，他们的思想在很大程度上是受整个社会环境尤其是社会思潮影响的。我们只有紧跟时代发展趋势，理性分析社会动态，才能够真正理解学生的所思所想，也才能够切实引导学生提高思想政治素质，而不是只停留在抱怨学生的被动状态。关注社会现实，审视社会现象，研究社会问题，也是化理论为方法，化理论为德行在马克思主义基本原理教学中建构学生认知体系和信仰体系的内在要求。要帮助学生将马克思主义基本原理转化为认识世界和改造世界的方法，并且贯穿在学生的实践中，内化为学生的德行，形成理想人格。首先我们作为原理课教师自身要能够运用马克思主义基本原理对社会现实进行理性的认识与分析，坚定马克思主义信仰，形成自己的德行人格，才能够谈得上对学生进行教育与引导。否则，所谓的帮助学生树立共产主义远大理想只能是纸上谈兵。

第四章　思想政治理论课运用马克思主义基本原理的认识偏误与实践反思

一、认识偏误

在教学实践过程中，有些思想政治理论课教师在将马克思主义基本原理运用于思想政治理论课教学时，容易形成一些思维误区和认识偏误。不少教师简单地把马克思主义基本原理理解为一种文化知识，把马克思主义基本原理教育教学简单地理解为文化知识的传播，言必称"大理论""大概念""大道理"，并以为这就是向青年学生传授马克思主义"真经"。其实，这种教育理念陷入了两个误区：一是把科学的世界观和方法论——马克思主义，当成了知识论的马克思主义；二是把根本宗旨在于帮助青年学生树立正确的世界观、人生观和价值观的马克思主义理论课教育教学，理解为与其他学科（专业）课程一样向学生传授文化知识。还有些思想政治理论课教师不同程度地忽视学生独立话语能力的培养。教学中将自己理解并定位为知识的传播者、理论的转译者，学生则被理解为理论和知识的接收者。教学话语功能主要限于对既定既成知识的再现,在话语内容上,把马克思主义基本原理作为一套既成的客观知识或理论体系给予呈现,认为马克思主义基本原理的运用就是把马克思主义划分为若干理论组成部分,如哲学部分分为辩证唯物论、实践观、认识论、唯物辩证法、唯物史观,致力于一一介绍各个组成部分中的基本概念、原理及方法论,并"强调理论知识结构本身的逻辑推演和体系"①。这不利于学生的价值、信念、践行等实践向度的展开。它强调教师的知识权威地位,偏重教师的单向言说,忽视学生的独立话语能力培养。即马克思主义基本原理运用的目标、功能主要限定于文本知识的传递而不是人和人的实践发展。把马克思主义呈现为一种固化知识体系实际上恰恰违背了马克思主义基本原理的基本原则——实践原则,从而遮蔽了马克思主义基本原理的本来面目,使其丧失了应有的独特气质和理论魅力。此外,这使马克思主义基本原理的运用导致了知识与实践的分离。以既成理论知识为核心,而非以人的实践和实践中的人为核心,它无法充分展现马克思主义理论内含的基于社会生活实践与时代发展的问题意识和"审视问题—回应问题—实践改造"的理论建构逻辑,实际上切断了马克思主义与生活实践之间的深度关联,因此它必然会带来理论知识与生活实践的分离,无法很好地提供给青年学生以实践启示,使青年学生自觉把马克思主义基本原理内化为自己的实践指南。还有一种认识偏误体现在进行教学内容设计时,单一地采取以原著来注解原理的教学思路。教学活动中普遍存在教师讲到某个原理时,通过引述马

---

① 张丽君:《论高校马克思主义基本原理的生活化教学》,载《内蒙古师范大学学报(教育科学版)》,2011年第5期,第104—107页。

克思主义经典著作中的相关论述作为补充说明。这是必要的，但止步于此，没有进一步结合马克思主义基本原理面临的时代关切和问题意识做进一步分析，马克思主义基本原理的理论魅力和现实生命力就没有充分展现出来。马克思主义经典著作篇目众多，题材各异。相应的，马克思主义基本原理作为一个宏阔的整体，涉及自然、社会和人类思维各个领域，包括经济、政治、文化、历史、科技等各个方面。在有限的教学时间中实现两者的结合，还需要找准切入点，以达到纲举目张的效果。马克思主义基本原理中的重点问题确实是很好的切入点。通过这些重点问题"以点带面"讲透彻马克思主义基本原理的理论内涵。但是要讲透这些重点问题，绝不能为原理而原理，否则将造成这些重点问题处于某种零散而不系统，同时又缺乏历史厚重感的抽象存在物的尴尬境界。因此它需要教师结合这些重点问题所在的文本语境进行分析，以经典著作中清晰的逻辑、辩证的分析与精准的表达让学生在原著中掌握这些重点问题自身所具有的理论逻辑及其现实生命力。

二、实践反思

传统的马克思主义理论教育模式过多关注的是具体知识的讲授，着重于诠释理论与原理的逻辑关联与体系结构，强调思想政治教育知识与理论传授的单一目标，更多地关心青年的政治素质、政治倾向性和道德素养，忽视青年的主体性、创造性和情感需要，单向度地将青年置于抽象的观念世界，实行无差别的、同质的教育。教育内容往往机械地依附于教材。我国各级学校的思想政治课教材是由中共中央宣传部、教育部审定后编印的,这些教材体系严谨而完整,更多的思想政治教育工作者在授课中竭力去体现教材的系统性、科学性、权威性和逻辑性,但往往忽视了其现实性和实效性的内在要求,缺少对时代发展与理论发展的关注,缺少对青年学生情感需要和实际生活的关注与关照。新时代,坚持和发展马克思主义,需要在思想政治理论课加强马克思主义基本原理的教育,需要综合运用马克思主义唯物史观、唯科学主义与人道主义历史观理论之间的合理因素,结合中国的历史发展规律以及社会发展现实,不断地完善和创新找到符合我国青年学生马克思主义观教育的理论体系。因此说,马克思主义理论教育研究不是闭门造车,也不是简单的在书斋中进行纯粹的、抽象的理论研究,而是用马克思主义基本原理为基础对青年学生进行教育,通过深入社会实践中开展调查,既为青年学生教育提供坚实的理论基础,又引导青年学生们从现象深入本质,从结果追溯原因,透过偶然性去发现隐蔽的必然性,找到历史运动的客观规律,以更大的热情拥抱马克思主义,自觉用马克思主义的立场观点方法,用习近平新时代中国特色社会主义思想这一马克思主义中国化最新成果,来辨析形形色色的社会思潮,来分析纷繁复杂的社会现象,并在这一过程中不断深化对马克思主义科学性、真理性的认识,进而不断坚定共产主义远大理想和中国特色社会主义共同理想。

第五章　思想政治理论课运用马克思主义基本原理的内在理路与体系建构

一、内在理路

（一）转变观念

思想政治理论课运用马克思主义基本原理，在教育理念上要彰显"一种能力，两种精神"的培养。"一种能力"即抽象思维能力的培养，包括抽象和概括能力、分析和综合能力、归纳和推理能力、鉴别和判断能力等。抽象的理论思维能力是构成一个人的智力和能力的基本的、首要的方面，也是一个人素质高低的基本标志之一。"两种精神"即人文精神和创新精神的培养。人文精神是青年学生积极向上，面对社会的种种挑战，选择正确的价值取向和生活方式的导航灯，是完善自身人格，促进身心和谐发展的动力。批判和反思为基础的创新精神的培养，有助于学生全面地、动态地、发展地看问题，使青年学生在今后的实践中能够超越日常经验的狭隘眼界，突破原有知识与观念的限制和束缚，从而推动创新思维的形成和创造力的发展。"实践者""主人翁"意识的激发仅仅靠知识的传递、理论的教导其效果是微茫的，必须依靠理论的"启迪"，通过充分展现马克思主义理论对实践问题的深度关切、深度剖析和对实践变革的深度推进来感染、启迪青年学生，通过对青年学生自身实践发展及他们在实践中的成长的深度关切和积极回应来激励、引导他们。马克思主义基本原理教师在话语表述方式上须从单纯的"说理"转变为"启迪"，从单向言说转变为双向互动言说，突出学生的话语权，让学生更多地参与教学言说的生成过程，培养学生独立话语能力。

（二）聚焦问题链

问题链导学是指教师在着眼学生需求和深耕教材基础上，聚焦既是学生关注和困惑的现实问题又是教材中的核心理论观点，设计与马克思主义基本原理相应的问题，按照一定的顺序串接组成环环相扣的一条或几条"问题链"，课堂教学过程紧紧围绕解决这些问题，引导启发学生思考、探究，达到激发学生主体与创新意识，提高创新能力的一种教学方法。这种教学模式是以创设问题→发现问题→展示问题→解决问题→感悟问题→生成新问题为基本环节，在探讨、质疑和研究问题中培养学生的辩证思维、逻辑思维、创新思维，提高学生的理论素养，以理论的逻辑力量吸引和征服学生，以互动载体"问题"引发学生思考，以互动纽带"链条"将探究引向深入，以互动手段"导学"引领学生走向自主。以"问题链导学"教学模式组织马克思主义基本原理教育教学，增加师与生、生与生之间的互动，注重思维训练和价值引领，缩短学生与教学内容的距离。清晰讲透理论逻辑，注重理论引领，凸显马克思主义基本原理的内在逻辑、理论魅力和思想力量。帮助学生理解、掌握马克思主义的基本原理，将理论知识传递与解决实际问题的能力培养统一起来，从而使学生深刻领悟到马克思主义基本原理的当代价值和现实意义，在真懂、真知和真信基础上提升学生分析、掌握社会历史规律的能力与水平。

（三）突出重点

思想政治理论课运用马克思主义基本原理，不是将马克思主义基本原理泛泛引入，而是应有侧重点的。如"马克思主义基本原理概论"课程着重讲授马克思主义的世界观和方法论，帮助大学生从整体上把握马克思主义，正确认识人类社会发展的基本规律；"毛泽东思想和中国特色社会主义理论体系概论"课程，着重讲授马克思主义基本原理在当代中国的实际运用及马克思主义中国化的基本原理，帮助大学生把握马克思主义中国化的重要理论成果，坚定走中国特色社会主义道路的理想信念；"中国近现代史纲要"课程主要讲授近代以来中国人民奋斗的历史，帮助大学生了解国史、国情，领会历史和人民怎样选择了马克思主义、选择了中国共产党、选择了社会主义道路；"思想道德修养与法律基础"课程主要进行社会主义道德、法制教育，帮助大学生增强社会主义法制观念，提高思想道德素质，解决成长成才过程中遇到的实际问题。新时代，在全面建成小康社会和建设社会主义现代化强国的关键时期，马克思主义中国化的进程愈加深入，我国高校思想政治理论课教师的一项重大任务就是马克思主义中国化的最新成果——习近平新时代中国特色社会主义思想的"三进"工作。习近平新时代中国特色社会主义思想涵盖经济建设、政治建设、文化建设、社会建设、生态文明建设和党的建设各个领域，涉及改革发展稳定、内政外交国防、治党治国治军等各个方面，是一个系统完整、逻辑严密的科学理论体系。这一思想深化了马克思主义对共产党执政规律、社会主义建设规律、人类社会发展规律的认识，赋予了马克思主义鲜活的时代内容。习近平新时代中国特色社会主义思想涉及诸多内容，但在实际教学中，并不是所有的内容都要进课堂，将每一个问题都逐一分析，这也不现实。因而，教师在教学时，既要整体把握又能抓住重点既是马克思主义基本原理的基本观点，又符合思想政治理论课的教学规律。教学核心是习近平新时代中国特色社会主义思想所彰显的马克思主义的一般世界观和方法论。

二、体系建构

（一）要处理好知识体系和方法论之间的关系

这就决定了马克思主义理论教育教学话语的功能不是再现—知识的转译、理论的复述，而是建构，是基于马克思主义基本原理的内在性和不断发展的社会实践要求积极去建构不同课程之间对话沟通的载体和桥梁。第一，重视马克思主义经典著作的文本学研究。把马克思主义理论原著及相关文献纳入马克思主义整体性教学，有利于我们科学理解马克思主义的一些重要概念、论断的意义和适用条件，遵循理论逻辑。因为，只有将马克思主义理论放置于实践运动发展的语境，基于并深入实践语境，才能还原马克思主义与实践的深刻关联，进而引导青年学生运用马克思主义基本原理关注实践、思索实践、推进实践。当然，马克思主义理论的文本研究，不应局限于经典作家、党和国家领导人的著述，还应该包括许多马克思主义思想家、政治家、社会活动家的重要著述；同时，马克思主义理论的文本研究，也应结合各个时期不同版本的马克思主义创始人文献的编纂背景与考订特点来准确把握相关内容。第二，廓清马克思主义原理内涵的理解。在理论和实践结合的基础上，我们要努力做到"四个分清"，即努力分清哪些是必须长期坚持的马克思主义基本原理，哪些是需要结合新的实际加以丰富发展的理论判断，哪些是必须破除的对马克思主义的教条式的理解，哪些是必须澄清的附加在马克思主义名下的片面的乃至错误的观点。应该站在整体、全局和宏观的高度上去理解和把握马克思主义；另一方面，我们也不能教条主义地拘泥于马克思主义经典作家在阐述和运用这些理论时所使用的某些具体观点和具体结论，而应该把马克思主义当成一种由时代所塑造从而有时代特点、体现时代精神、与时俱进的理论形态。第三，正确理解马克思主义基本原理的方法论着力点。一是注重认识世界与改造世界的统一。世界观、方法论的统一反映的就是认识世界与改造世界的统一。马克思主义基本原理通过世界观、方法论的统一反映了认识世界与改造世界的统一。世界观，就是人们对整个世界的根本看法，它回答的是有关客观世界、人类社会和思维，以及人与世界的关系的最普遍的问题。世界的物质统一性、人对物质世界的实践把握、世界的发展变化及其规律、实践是检验真理的唯一标准等，让人们学会怎么去认识世界，而一旦把世界观的各种原理、原则用来指导对世界、现实的认识时，世界观就成了方法论，同时，认识与实践也统一了起来，认识世界与改造世界也统一了起来。认识世界是为了能够更有效地改造世界，认识世界与改造世界的统一与世界观、方法论的统一一起贯穿于马克思主义基本原理之中，成为人们理解和掌握马克思主义基本原理及其方法论的特征。不了解和运用这一方法特征，就无法真正理解和把握马克思主义基本原理的整体性,如毛泽东所说:"一个马克思主义者如果不懂得从改造世界中去认识世界,又从认识世界中去改造世界,就不是一个好的马克思主义者。一个中国的马克思主义者,如果不懂得从改造中国中去认识中国,又从认识中国中去改造中国,就不是一个好的中国的马克思主义者。马克思说人与蜜蜂不同的地方,就是人在建筑房屋之前早在思想中有了房屋的图样。我们要建筑中国革命这个房屋,也须先有中国革命的图样。不但须有一个大图样,总图样,还须有许多小图样,分图样。而这些图样不是别的,就是我们在中国革命实践中所得来的关于客观实际情况的能动的反映。"① 二是注重理论与实践的统一。理论与实践的统一既是马克思主义基本原理的内容之一,是马克思主义基本原理内在逻辑关联的要求,也是我们理解和把握马克思主义基本原理及其方法论的特征。马克思主义基本原理不是远离社会生活和脱离社会实践的书斋理论。每一个原理乃至各个原理之间的内在关系,都是世界观、方法论的统一,都是在坚持理论与实践统一的基础上形成的。马克思主义基本原理不仅强调了理论与实践的统一关系,说明了理论是在概括实践经验中形成的、实践是检验理论真理性的唯一标准、在实践中形成的理论是用来指导实践的、理论是在回答实践问题中发展的,而且还以其自身的形成和发展验证了理论与实践统一的方法论意义。因此,我们很清楚地看到,马克思主义基本原理的生命力就在于它深深地植根于实践,并随着实践的发展而不断发展,就在于它不仅能够科学地解释世界,更重要的是能够科学地指导实践,改造世界。所以,

---

① 《毛泽东著作选读》,人民出版社1986年版,第485页。

思想政治理论课运用马克思主义基本原理，要在理论与实践结合中理解和把握马克思主义基本原理。紧密结合实践，对马克思主义基本理论基本观点努力做出准确解释，同时能结合时代和具体的国情要求做出新的阐释，防止生搬硬套、断章取义、片面理解。列宁曾经说过："马克思主义者必须考虑生动的实际生活，必须考虑现实的确切事实，而不应当抱住昨天的理论不放，因为这种理论和任何理论一样，至多只能指出基本的、一般的东西，只能大体上概括实际生活中的复杂情况。"① 理解和把握马克思主义基本原理，必须高度重视理论和实践相结合。只有将马克思主义基本原理运用于解决实践中的问题，才能从纷繁复杂的社会现象中，抓住本质，把握大局，辨清方向，不断提高认识世界和改造世界的能力。

（二）把握"事""时""势"

"因事而化、因时而进、因势而新"是习近平在全国高校思想政治工作会议上对新形势下做好思想政治教育提出的任务要求，这个要求同样适用于马克思主义基本原理的教育。

第一，因事而化。对于青年学生教育认同发生的教育心理机制来看，他们的认同更容易在鲜活生动的故事讲述与倾听中生成。因此，思政课教师要善于用鲜活生动的事实与实例、故事，讲好中国梦的故事，讲好中国特色社会主义的故事，讲好中华优秀传统文化与革命文化的故事、讲好中国人的故事、讲好中国和平发展的故事，通过各种精炼、精彩、鲜活的故事载体，将马克思主义的立场、观点和方法凝聚其中，化育学生的理论认同和价值认同。讲好中国故

---

① 《列宁选集》第 3 卷，人民出版社 1995 年版．第 26—27 页．

事,要入情入理,讲清事实、讲出情感,讲明道理,这样才能打动学生、感染学生、说服学生、影响学生。新时代,"中国故事"的内容极其丰富和多彩生动。实现中华民族伟大复兴的中国梦中饱含了中国人民最美好的发展期许,是当代中国最精彩、最宏阔的故事;中国优秀传统文化与红色文化中蕴藏着中华民族最深沉的精神追求,是当代中国最独特、最感人的故事;进行伟大斗争、建设伟大工程、推进伟大事业的实践中体现了中国共产党最坚定的理想信念,是当代中国最真实、最接地气的故事。教师要善于挖掘、整理和创造性地解读这些故事,结合马克思主义基本原理给学生讲清楚中国的历史命运和道路选择,讲清楚中国的发展进步和辉煌成就,讲清楚中国面临的发展机遇和困难挑战,讲清楚中国的美好前景和无限希望。通过这些中国故事,为学生展现真实、丰满、立体、全面的中国,激荡学生精神,坚定四个自信,启迪化育学生对马克思主义的认同、对社会主义的认同、对国家治理的基本理念和思想的认同,对国家政治制度和体制的认同,对自身文化的认同,并使学生心向往之,将这些认同升华为自觉的行为与实践,行亦趋之。

第二,因时而进。每一个时代都有其特定的时代主题和特殊的历史使命。因此,新时代青年学生的马克思主义基本原理教育应随着时代变换而形成的育人环境的变化而与时俱进、应势而动、顺势而为。2018 年 1 月 5 日,习近平总书记在学习贯彻党的十九大精神研讨班开班式上发表重要讲话,明确指出,新时代的中国正处在一个大有可为的历史机遇期。① 这个时期"最鲜明的时代主题,就是实

---

① 《紧紧抓住大有可为的历史机遇期》,载《人民日报》,2018 年 1 月 14 日。

现'两个一百年'奋斗目标、实现中华民族伟大复兴的中国梦"。青年学生的马克思主义基本原理教育一定要契合这个时代主题，教师要结合马克思主义基本原理告诉学生，他们生活的时代是个什么样的时代，生活于其中的中国是个什么样的中国，世界是个什么样的世界。当学生明确了自己正处于中国特色社会主义的道路愈具吸引力、中国制度愈具感召力、习近平新时代中国特色社会主义思想和中国优秀传统文化愈具引领力的时代；处于中国特色社会主义事业乘风破浪向前飞跃的时代，处于中国人民创造美好生活、走向共同富裕的时代，中国特色社会主义事业乘风破浪的"飞跃期"时，学生对国家和民族的自豪感与自信心自然会油然而生。当学生明确了他们正处于中国人民砥砺奋进，推动中华民族强起来、实现伟大复兴的关键时期；处于中国共产党正带领全国人民克难攻坚，努力建成富强、文明、和谐、美丽的社会主义现代化强国的时代；处于世界格局重塑，呼唤构建人类命运共同体的时代时，学生对国家和民族的责任感与使命感便会自然而成，对马克思主义与马克思主义中国化成果的认同便是水到渠成之事。

第三，因势而新。近几年，国家出台了许多新的政策和举措，显示了对思想政治理论课的高度重视。有人说，思想政治理论课发展的"春天"来了。因此，教师要自觉将马克思主义基本原理教育融入思想政治理论课发展的生动实践，自觉呼应新时代对坚持和发展马克思主义的迫切要求，在实现中华民族伟大复兴与实现中国梦的历史逻辑高度统一中创新青年学生的马克思主义基本原理教育。

第六章 思想政治理论课运用马克思主义基本原理的切入途径与实现方式

一、切入途径

马克思主义基本原理所呈现的人类社会发展的"一般性"和"普遍性"规律的突出特点,就必然要求思想政治理论课教师在进行切入的过程中一定要沿着"一般性""普遍性"和"规律性"的思路,充分认识思想政治理论课运用马克思主义基本原理过程中对教育内容所做出的一般性的解读、普遍性的结论和规律性的认识,升华、抽象出马克思主义的基本原则和基本方法,并使之与教材有机融合、完美统一。

(一) 宏观层面

马克思主义是客观真理,是绝对性和相对性的统一,马克思主义基本原理的核心绝不是一成不变的教条,其内在矛盾必然推动它随着实践发展而发生变化,并且经历了一个"实践、认识、再实践、再认识……循环往复以至无穷的过程"。随着时代的发展,马克思主义基本原理的内容必然也包含着以往发展的全部优秀成果而不断丰富、不断完善。习近平新时代中国特色社会主义思想是指导党和人民实现中华民族伟大复兴的正确理论，是马克思主义基本原理与当今中国发展实践结合的产物。是我们党勇于坚持真理、修正错误的理论探索，它同改革开放以来形成的中国特色社会主义理论体系相衔接，同中国特色社会主义进入新时代这个重大政治论断相呼应，体现了我们党在理论上的高度成熟、高度自信，实现了党的指导思想的又一次与时俱进，也必将说明21世纪中国的马克思主义一定能够展现出更强大、更有说服力的真理力量。从马克思主义基本原理与生活、实践的关系解读习近平新时代中国特色社会主义思想，既能使习近平新时代中国特色社会主义思想的讲授有理论的厚度，又使马克思主义基本原理有现实的针对性。思想政治理论课运用马克思主义基本原理讲解习近平新时代中国特色社会主义思想，就是要将习近平新时代中国特色社会主义思想所彰显的一般世界观和方法论作为教学的主线。习近平新时代中国特色社会主义思想坚持并创造性地运用了马克思主义基本原理的基本立场、基本观点和基本方法，旗帜鲜明地对马克思主义基本原理给予了与时俱进的历史性回答。习近平新时代中国特色社会主义思想秉承历史唯物主义的基本原理，从我国经济社会发展出发，提出我国社会主要矛盾已经发生了重大转变——"人民日益增长的美好生活需要和不平衡不充分的发展之间的矛盾"。这既是我们党对社会基本矛盾及其发展、变化规律的深刻认识，也是我们党对社会主义建设规律、人类社会发展规律的深刻认识。这一科学结论深植于中国特色社会主义道路的伟大实践之中，既遵循了社会发展的规律，又渗透着人的自觉目的性和主观能动性。

第一，要深刻认识习近平新时代中国特色社会主义思想的时代背景，即中国特色社会主义进入了新时代，这是我国发展的新的历史方位，新时代必然提出新课题，新课题必然催生新理论，新理论必然引领新实践，这就要求从唯物主义立场回答习近平新时代中国特色社会主义思想产生的必然逻辑。

第二，要深刻认识习近平新时代中国特色社会主义思想的核心和要义，明确其在新时代坚持和发展什么样的社会主义、怎样坚持和发展中国特色社会主义这个重大时代课题，以全新的视野深化了对共产党执政规律、社会主义建设规律、人类社会发展规律的认识，这是对马克思主义的继承和发展。

第三，要深刻认识习近平新时代中国特色社会主义的基本方略如何体现理论与实践相统一、战略与战术相结合的理论特色。基于马克思主义的认识论，深刻解读"实践没有止境，理论创新也没有止境""时代是思想之母，实践是理论之源"等命题，讲清楚习近平新时代中国特色社会主义理论缘于实践，即"中国特色社会主义是改革开放以来党的全部理论和实践的主题，是党和人民历尽千辛万苦、付出巨大代价取得的根本成就"。

第四，要深刻认识习近平新时代中国特色社会主义思想的历史贡献，即开辟了马克思主义新境界，实现了马克思主义基本原理与中国具体实际相结合的新飞跃，在马克思主义中国化进程中具有里程碑意义。

第五，要深刻认识将习近平新时代中国特色社会主义思想确立为党的指导思想的重大意义，即习近平新时代中国特色社会主义思想是马克思主义中国化最新成果,是党和人民实践经验和集体智慧的结晶,是中国特色社会主义理论体系的重要组成部分,是全党全国人民为实现中华民族伟大复兴而奋斗的行动指南,必须长期坚持并不断发展。

(二) 中观层面

围绕不同课程教学目的和教学要求,着力新思想、新矛盾、新使命、新征程、新方略,将马克思主义的创新和发展,马克思主义分析问题的立场和方法有机地融入其中。

第一,马克思主义基本原理在《毛泽东思想和中国特色社会主义理论体系概论》课中的运用。教学运用中,应着重解读习近平新时代中国特色社会主义思想是党和人民实践经验和集体智慧的结晶,是党的十九大的灵魂。在教学中,应着眼于它对马克思主义的鲜明特征的体现,从科学的世界观和方法论、鲜明的政治立场、与时俱进的理论品质、崇高的社会理想等方面具体予以说明,从而合乎逻辑地得出这一思想所具有的重要价值;专注于世界的物质统一性原理这一马克思主义哲学基石,重点分析"新时代"这个概念,指出"新时代"是从党和国家事业发展的角度提出来的,不是历史学上时代划分的概念。对新时代的内涵及特征的研判能够使我们牢牢把握社会主义初级阶段这个基本国情,牢牢立足社会主义初级阶段这个最大实际,从而科学界定当前我国发展新的历史方位,有利于进一步统一思想、凝聚力量,在新的起点上把中国特色社会主义事业推向前进。运用事物的普遍联系和永恒发展的观点,分析十八大以来中国取得的历史性成就是全方位的、开创性的,变革是深层次的、根本性的;从辩证法的观点分析新时代坚持和发展中国特色社会主义的基本方略和战略部署，如"一个主要矛盾""两个一百年""三个基本""三大历史任务""四个全面""四个伟大""五位一体""十四个坚持"，从而深刻领会"我们走中国特色社会主义道路，具有无比广阔的时代舞台，具有无比深厚的历史底蕴，具有无比强大的前进定力"这一观点。要明确新时代我国社会主要矛盾是人民日益增长的美好生活需要和不平衡不充分的发展之间的矛盾，必须坚持以人民为中心的发展思想，坚持历史唯物主义立场；运用人类社会及其发展规律讲解社会基本矛盾及运动规律问题。讲透新时代我国社会主要矛盾变化的政治论断是对社会基本矛盾具体分析的结果，体现了实事求是的态度，它是我们党从整个社会主义事业发展全局来看的，涉及生产力和生产关系、经济基础和上层建筑，涉及物质文明和精神文明建设，涉及经济建设、政治建设、文化建设、社会建设、生态文明建设和党的建设各个方面。人民日益增长的美好生活需要和不平衡不充分的发展之间的矛盾，这一现实国情要求我们在继续推动发展的基础上，着力解决好发展不平衡不充分问题，大力提升发展质量和效益，更好满足人民在经济、政治、文化、社会、生态等方面日益增长的需要，更好推动人的全面发展、社会全面进步。

第二，马克思主义基本原理在《思想道德修养与法律基础》课中的运用。教学运用中，运用马克思主义道德观，帮助学生树立正确的道德观，自觉传承中华传统美德和中国革命道德，积极吸收借鉴人类优秀道德成果，遵守公民道德准则，在投身崇德向善的实践中不断提高道德品质；结合马克思主义法治思想，帮助学生深刻理解社会主义法律的本质特征和运行机制，整体把握中国特色社会主义法律体系、法治体系和法治道路的精髓，培养法治思维，尊重和维护法律权威，依法行使权利与履行义务，以实际行动带动全社会崇德向善，努力做尊法、学法、守法、用法的模范。结合马克思主义的历史唯物主义思想，分析党的十八大以来，以习近平同志为核心的党中央提出一系列新理念新思想新战略，推动党和国家事业发生历史性变革。这些变革力度之大、范围之广、效果之显著、影响之深远，它体现了科学社会主义在 21 世纪的中国焕发的强大生机活力。以此激励大学生坚定科学信仰，追求远大理想，在为实现中国特色社会主义共同理想而奋斗的过程中实现个人理想；将社会意识与社会存在的关系贯穿到文化自信的讲授中去，突出"文化是一个国家、一个民族的灵魂"，帮助学生坚持社会主义核心价值体系，培育和践行社会主义核心价值观坚定文化自信。

第三，马克思主义基本原理在《中国近现代史纲要》课中的运用。结合马克思主义的理论特征，帮助学生了解近代以来中国的先进分子和人民群众为救亡图存而进行艰苦探索、顽强奋斗的历程及其经验教训，认识历史和人民怎样选择了中国共产党、选择了马克思主义，进一步增强拥护共产党的领导和接受马克思主义指导的自觉性；结合马克思主义中国化的发展历程，了解中国人民走上以共产党为领导力量的社会主义道路的历史必然性，深刻认识毛泽东思想、邓小平理论、"三个代表"重要思想、科学发展观、习近平新时代中国特色社会主义思想的形成及其重大和深远的意义，自觉地以之作为自己的行动指南；结合马克思主义的辩证唯物主义思想了解实行改革开放和搞好现代化建设的重大意义、了解中国特色社会主义是改革开放以来中国共产党的全部理论和实践的主题。结合马克思主义历史观。懂得珍惜中国人民英勇奋斗的历史，尤其是中国共产党领导中国人民进行革命、建设、改革的历史。警惕和反对历史虚无主义，提高运用科学的历史观和方法论分析和评价历史问题、辨别历史是非和社会发展方向的能力；运用人民群众与历史人物在历史发展中的地位和作用观点，既要把握人民群众是历史的创造者这一唯物史观，也要看到习近平总书记以马克思主义政治家、理论家的深刻洞察力、敏锐判断力和战略定力，以非凡的政治魄力、卓越的领导才能、坚韧不拔的意志品格，带领全国人民把中国特色社会主义推向了新的发展阶段，成为当之无愧的领路人和掌舵者。以他的名字命名新时代中国特色社会主义理论合乎唯物史观。

第四，马克思主义基本原理在《马克思主义基本原理概论》课中的运用。从总体上理解和把握什么是马克思主义，帮助青年学生了解马克思主义产生的历史过程和发展阶段，掌握马克思主义的鲜明特征，深刻认识马克思主义的当代价值，增强学习和运用马克思主义的自觉性。

通过马克思主义的实践观、认识论和价值论的基本观点，帮助青年学生掌握实践、认识、真理、价值的本质及其相互关系，树立实践第一的观点，确立正确的价值观，在改造客观世界的同时改造主观世界，努力实现理论创新和实践创新的良性互动。

运用马克思主义的立场、观点、方法，帮助青年学生准确认识资本主义生产方式的内在矛盾，深刻理解资本主义经济制度的本质，正确把握社会化大生产和商品经济运动的一般规律，正确认识和把握资本主义政治制度和意识形态的本质。

通过历史唯物主义的基本原理，帮助青年学生着重了解社会存在与社会意识的辩证关系、社会基本矛盾运动规律、社会发展的动力以及人民群众和个人在社会历史中的作用,提高运用历史唯物主义正确认识历史和现实、正确认识社会发展规律的自觉性和能力。

2015年11月23日,习近平主持中共中央政治局第二十八次集体学习时强调:"面对极其复杂的国内外经济形势,面对纷繁多样的经济现象,学习马克思主义政治经济学基本原理和方法论,有利于我们掌握科学的经济分析方法,认识经济运动过程,把握社会经济发展规律,提高驾驭社会主义市场经济能力,更好回答我国经济发展的理论和实践问题。"具体来说,就是正确认识第二次世界大战后资本主义的新变化及2008年国际金融危机以来资本主义的矛盾与冲突,深刻理解资本主义的历史地位及其为社会主义所代替的历史必然性,坚定资本主义必然灭亡、社会主义必然胜利的信念;了解社会主义五百年发展历程,把握科学社会主义一般原则,认识经济文化相对落后国家建设社会主义的必然性和长期性,明确社会主义发展道路的多样性,遵循社会主义在实践中开拓前进的发展规律,以昂扬奋进的姿态推进社会主义事业走向光明未来。

(三)微观层面

这一层面涉及运用马克思主义基本原理讲解具体的概念及知识点。

结合"坚定理想信念"问题解读马克思主义关于人类社会发展规律的思想。马克思科学揭示了人类社会最终走向共产主义的必然趋势。马克思、恩格斯坚信,未来社会"将是这样一个联合体,在那里,每个人的自由发展是一切人的自由发展的条件","无产者在这个革命中失去的只是锁链。他们获得的将是整个世界"。马克思坚信历史潮流奔腾向前，只要人民成为自己的主人、社会的主人、人类社会发展的主人，共产主义理想就一定能够在不断改变现存状况的现实运动中一步一步实现。马克思主义奠定了共产党人坚定理想信念的理论基础。我们要全面掌握辩证唯物主义和历史唯物主义的世界观和方法论，深刻认识实现共产主义是由一个一个阶段性目标逐步达成的历史过程，把共产主义远大理想同中国特色社会主义共同理想统一起来、同我们正在做的事情统一起来，坚定中国特色社会主义道路自信、理论自信、制度自信、文化自信，坚守共产党人的理想信念，像马克思那样，为共产主义奋斗终生。

结合"三个代表"重要思想问题解读马克思主义的人民至上思想。在《思想道德修养与法律基础》课中可以将"马克思主义人民立场的思想"作为切入点进行讲解。人民性是马克思主义最鲜明的品格。马克思说，"历史活动是群众的活动"。让人民获得解放是马克思毕生的追求。我们要始终把人民立场作为根本立场，把为人民谋幸福作为根本使命，坚持全心全意为人民服务的根本宗旨，贯彻群众路线，尊重人民主体地位和首创精神，始终保持同人民群众的血肉联系，凝聚起众志成城的磅礴力量，团结带领人民共同创造历史伟业。这是尊重历史规律的必然选择，是共产党人不忘初心、牢记使命的自觉担当。

结合"全面深化改革"问题解读马克思主义关于生产力和生产关系的思想。马克思主义认为，物质生产力是全部社会生活的物质前提，同生产力发展一定阶段相适应的生产关系的总和构成社会经济基础。生产力是推动社会进步最活跃、最革命的要素。"人们所达到的生产力的总和决定着社会状况。"生产力和生产关系、经济基础和上层建筑相互作用、相互制约，支配着整个社会发展进程。解放和发展社会生产力是社会主义的本质要求，是中国共产党人接力探索、着力解决的重大问题。新中国成立以来特别是改革开放以来，在不到70年的时间内，我们党带领人民坚定不移解放和发展社会生产力，走完了西方几百年的发展历程，推动我国快速成为世界第二大经济体。我们要勇于全面深化改革，自觉通过调整生产关系激发社会生产力发展活力，自觉通过完善上层建筑适应经济基础发展要求，让中国特色社会主义更加符合规律地向前发展。

结合"发展社会主义民主政治"问题解读马克思主义关于人民民主的思想。马克思、恩格斯指出，"无产阶级的运动是绝大多数人的，为绝大多数人谋利益的独立的运动"，"工人阶级一旦取得统治权，就不能继续运用旧的国家机器来进行管理"，必须"以新的真正民主的国家政权来代替"。国家机关必须由社会主人变为社会公仆，接受人民监督。我们要坚定不移走中国特色社会主义政治发展道路，在坚持党的领导、人民当家作主、依法治国有机统一中推进社会主义民主政治建设，不断加强人民当家作主的制度保障，加快推进国家治理体系和治理能力现代化，充分调动人民的积极性、主动性、创造性，更加切实、更有成效地实施人民民主。

结合"推动社会主义文化繁荣兴盛"问题解读马克思主义关于文化建设的思想。马克思认为，在不同的经济和社会环境中，人们生产不同的思想和文化，思想文化建设虽然决定于经济基础，但又对经济基础发生反作用。先进的思想文化一旦被群众掌握，就会转化为强大的物质力量；反之，落后的、错误的观念如果不破除，就会成为社会发展进步的桎梏。理论自觉、文化自信，是一个民族进步的力量;价值先进、思想解放,是一个社会活力的来源。国家之魂,文以化之,文以铸之。我们要立足中国,面向现代化、面向世界、面向未来,巩固马克思主义在意识形态领域的指导地位,发展社会主义先进文化,加强社会主义精神文明建设,把社会主义核心价值观融入社会发展各方面,推动中华优秀传统文化创造性转化、创新性发展,不断提高人民思想觉悟、道德水平、文明素养,不断铸就中华文化新辉煌。

结合"坚持在发展中保障和改善民生"问题解读马克思主义关于社会建设的思想。马克思、恩格斯设想,在未来社会中,"生产将以所有的人富裕为目的","所有人共同享受大家创造出来的福利"。恩格斯结合马克思在《共产党宣言》《哥达纲领批判》《资本论》等著作中提出的一系列主张,阐明在社会主义条件下,社会应该"给所有的人提供健康而有益的工作,给所有的人提供充裕的物质生活和闲暇时间,给所有的人提供真正的充分的自由"。人民对美好生活的向往就是我们的奋斗目标。我们要坚持以人民为中心的发展思想,抓住人民最关心最直接最现实的利益问题,不断保障和改善民生,促进社会公平正义,在更高水平上实现幼有所育、学有所教、劳有所得、病有所医、老有所养、住有所居、弱有所扶,让发展成果更多更公平惠及全体人民,不断促进人的全面发展,朝着实现全体人民共同富裕不断迈进。

结合"社会主义生态文明建设"问题解读马克思主义关于人与自然关系的思想。马克思认为:"任何人类历史的第一个前提无疑是有生命的个人存在。……以及受肉体组织制约的他们与自然界的关系。"① 马克思认为人、自然和社会三者之间是有机统一体，这三者之间相互联系、相互转化，是一个有机的统一体。自然不仅给人类提供了生活资料来源，如肥沃的土地、渔产丰富的江河湖海等，而且给人类提供了生产资料来源。自然物构成人类生存的自然条件，人类在同自然的互动中生产、生活、发展，马克思在《1844年经济学哲学手稿》中指出："植物、动物、石头、空气、光等等，都是人的意识的一部分，是人的精神的无机界，是人必须事先进行加工以便享用和消化的精神食粮；……把整个自然界——首先作为人的直接的生活资料，其次作为人的生命活动的对象（材料）和工具——变成人的无机的身体。"② 由此，自然是生命之母，人与自然是生命共同体，人类必须敬畏自然、尊重自然、顺应自然、保护自然。马克思主义进一步指出："人们对自然界的狭隘的关系决定着他们之间的狭隘的关系，而他们之间的狭隘的关系又决定着他们对自然界的狭隘的关系。"③ 人与自然之间应是双向互动和双向建构的关系。对此，我们要自觉坚持人与自然和谐共生，牢固树立和切实践行绿水青山就是金山银山的理念，动员全社会力量推进生态文明建设，这样才能突破人与人、人与自然之间狭隘的关系，共建美丽中国，让人民群众在绿水青山中共享自然之美、生命之美、生活之美，走出一条生产发展、生活富裕、生态良好的文明发展道路。

结合"坚持和加强党的领导"问题解读马克思主义政党建设的

---

① 《马克思恩格斯全集》第3卷，人民出版社1960年版，第23页。
② 马克思：《1844年经济学哲学手稿》，人民出版社2000年版，第56页。
③ 《马克思恩格斯选集》第1卷，人民出版社1995年版，第82页。

思想。马克思认为,"在无产阶级和资产阶级的斗争所经历的各个发展阶段上,共产党人始终代表整个运动的利益","他们没有任何同整个无产阶级的利益不同的利益",而是要"为绝大多数人谋利益",为建设共产主义社会而奋斗。共产党要"在全世界面前树立起可供人们用来衡量党的运动水平的里程碑"。始终同人民在一起,为人民利益而奋斗,是马克思主义政党同其他政党的根本区别。我们要统揽伟大斗争、伟大工程、伟大事业、伟大梦想,增强政治意识、大局意识、核心意识、看齐意识,持之以恒推进全面从严治党,坚持把党的政治建设摆在首位,坚持和加强党的全面领导,坚决维护党中央权威和集中统一领导,做到坚持真理、修正错误,永远保持共产党人政治本色,把党建设成为始终走在时代前列、人民衷心拥护、勇于自我革命、经得起各种风浪考验、朝气蓬勃的马克思主义执政党。

结合"中国特色大国外交"问题解读马克思主义关于世界历史的思想。马克思、恩格斯说:"各民族的原始封闭状态由于日益完善的生产方式、交往以及因交往而自然形成的不同民族之间的分工消灭得越是彻底,历史也就越是成为世界历史。"马克思、恩格斯当年的这个预言,现在已经成为现实,历史和现实日益证明这个预言的科学价值。今天,人类交往的世界性比过去任何时候都更深入、更广泛,各国相互联系和彼此依存比过去任何时候都更频繁、更紧密。一体化的世界就在那儿,谁拒绝这个世界,这个世界也会拒绝他。万物并育而不相害,道并行而不悖。我们要站在世界历史的高度审视当今世界发展趋势和面临的重大问题,坚持和平发展道路,坚持独立自主的和平外交政策,坚持互利共赢的开放战略,不断拓展同世界各国的合作，积极参与全球治理，在更多领域、更高层面上实现合作共赢、共同发展，不依附别人、更不掠夺别人，同各国人民一道努力构建人类命运共同体，把世界建设得更加美好。

不管哪个层面，思想政治理论课教学中都要着重完完整整地而不是断章取义地阐述贯穿于马克思主义理论体系始终的基本观点、基本理论和基本方法，以及运用这些观点、理论和方法得出的有关重要结论和理论判断。

二、实现方式

（一）教材体系转向教学体系和学生价值体系

党的十九大召开后，按照党中央统一部署，中宣部、教育部立即组织对已出版的马工程重点教材进行全面系统修订。2018年5月14日，全国高校思想政治理论课2018版教材使用培训班开班，教育部陈宝生部长指出，要实现理论体系向教材体系的转化、教材体系向教学体系的转化、知识体系向价值体系的转化。此前，很多专家学者从宏观角度探讨了转换的指导原则。张雷声教授在谈到从教材体系到教学体系，再到学生认知体系、价值体系的转化，要把握"四个要素"，做到"三个着眼于"。"四个要素"即学生思维实际和接受实际、现实发展中最突出的重大问题、教学的环节和方式方法、理论界关于问题研究的成果。东北大学秦书生教授认为，马克思主义理论教育的教材体系向教学体系的转化应遵循"六项基本原则"，即思想政治教育目标第一位、教学内容源于教材并适度高于教材、在突出教学重点基础上体现难点与兼顾一般相结合、理论联系实际、遵循教材与灵活发挥相结合、课堂讲授与辅助活动相结合。中山大学林滨指出，马克思主义基本原理教学在从教材体系转化为教学体系，再转化为学生认知体系的过程中，要自觉遵循和追求理论逻辑、认知逻辑与生活逻辑的有机统一，以提高思想政治理论课的实效性。遵循理论逻辑是教师实现从教材体系转化为教学体系，再转化为学生认知体系的首要原则，是马克思主义原理特性和提高学生马克思主义理论水平的双重诉求。遵循认知逻辑是教学遵循教育与学生成长规律的体现。首先是遵循教书育人规律，思想政治教育是高校思想政治工作的重要组成部分，遵循教书育人规律是高校思想政治教育科学发展的重要原则。遵循教书育人规律要求高校思想理论课教师注重教学与德育的结合，把教书和育人真正统一起来，把立德树人作为中心工作，从历史与现实、理论与实践出发，通过多种教育途径，运用多种教育方法，引导学生科学地认识世界、认识中国、认识社会、认识自己，学会承担时代责任和历史使命，自觉地把自己造就成为合格的建设者和可靠的接班人。其次是遵循学生成长规律。习近平同志在全国高校思想政治工作会议上指出："思想政治工作从根本上说是做人的工作，必须围绕学生、关照学生、服务学生，不断提高学生思想水平、政治觉悟、道德品质、文化素养，让学生成为德才兼备、全面发展的人才。"遵循学生成长规律，在帮助学生成长成才中引导其形成正确的价值观念、生活态度、行为方式，是思想政治教育的内在要求，也是新时代促进高校思想政治工作有序发展的根本方式。目前在校的青年学生，每个人的生活环境不同，身心发展、思想品德和思想表现呈现出多样复杂的特征。因此，思想政治教育工作要取得良好效果，需要加强针对性，因人而异，因材施教，尤其是在教育方法上适应青年学生的成长发展特点与规律，关注学生成长，加强理想信念教育，加强价值引领，加强实际锻炼，强化文化熏陶，有序推进思想政治教育工作科学发展。

（二）立足原著本身

马克思主义经典原著是马克思主义理论的本源，是马克思主义理论的精神载体，更是继承和发展马克思主义必读的思想宝库。习近平指出："要把读马克思主义经典、悟马克思主义原理当作一种生活习惯、当作一种精神追求，用经典涵养正气、淬炼思想、升华境界、指导实践。"马克思主义经典原著蕴含和集中体现着马克思主义基本原理，是马克思主义理论的本源和基础，更是我们党的理论之源、人类文明的宝贵财富。学生通过课堂学习，可以说具备了一定的马克思主义理论基础。但要进一步探究原理背后的根源、发生的社会背景，应以历史的态度进一步学习马克思主义经典原著。通过研读经典原著，可以了解马克思主义理论的来源与发展过程；通过研读经典原著，可以掌握马克思主义的精髓与实质；通过研读经典原著，可以运用马克思主义的辩证方法论指导实践。所以，加强学生研读马克思主义经典原著，把握好马克思主义基本原理与原著之间根与梢、源与流、本与末的关系，不仅是学生系统把握马克思主义理论的需要，更是培养社会主义合格建设者和可靠接班人的需要。

（三）坚持开放的视野

客观事物的无限发展决定了马克思主义的不断发展。马克思主义作为科学的世界观和方法论，它正确反映了自然界、人类社会，特别是资本主义和社会主义发展的本质和一般规律。然而，整个世界的万事万物都是发展变化的，绝对静止的事物是没有的，这就决定着马克思主义必然要随着客观事物的变化而发展，而不可能是一成不变、停滞不前的。当今世界发展迅速，不进则退。我国正处在改革开放的关键阶段，现代化建设在前进，人民群众的伟大实践在发展，这一切都要求我们党要坚持马克思主义开放性特征，不断进行理论创新，坚持与时俱进。只有这样，党的思想理论才能引导和鼓舞全党和全国人民把建设有中国特色的社会主义事业不断推向前进，我们的各项事业才能立于不败之地。习近平在马克思主义诞辰200周年大会上讲话时指出，当代中国的伟大社会变革，不是简单延续我国历史文化的母版，不是简单套用马克思主义经典作家设想的模板，不是其他国家社会主义实践的再版，也不是国外现代化发展的翻版。社会主义并没有定于一尊、一成不变的套路，必须把科学社会主义基本原则同本国具体实际、历史文化传统、时代要求紧密结合起来，在实践中不断探索总结，坚持用马克思主义观察时代、解读时代、引领时代，用鲜活丰富的当代中国实践来推动马克思主义发展，用宽广视野吸收人类创造的一切优秀文明成果，坚持在改革中守正出新、不断超越自己，在开放中博采众长、不断开辟当代中国马克思主义、21世纪马克思主义新境界！

（四）正确把握"变"与"不变"

"不变"，指的是马克思主义的立场、观点和方法。经过了实践的科学检验，具有相对稳定性。马克思主义的最稳定的层次是根本方法，也就是唯物辩证法。它是统率其他科学方法的方法，是最根本的思想方法、工作方法。如果说唯物辩证法是马克思主义整体理论体系的方法论基础，那么，马克思主义根本方法则不仅是马克思主义理论体系的灵魂、精髓，而且是马克思主义的方法论基础，所以它是"方法的灵魂"和"方法的方法"。较稳定的层次是基本原理，它又分为不同的类别和层次。从类别看，有认识方法、认识规律的原理——唯物辩证法的规律、范畴；有揭示事物本来面貌和固有规律的原理——唯物史观的原理。从层次看，有具有最高普遍性的原理——唯物辩证法；有适用不同领域的原理，即自然界发展规律、人类社会发展规律和思维发展规律。从学科看，有哲学、政治经济学、科学社会主义学科领域中经过实践反复验证的基本原理等。这是马克思主义比较稳定的一个层次。"变"主要指的是具体论断和马克思主义的基本原理与中国实践相结合而形成的新的理论与实践成果，是不断发展着的马克思主义。具体论断也即个别结论，是对某国某时的形势、特征、状况、条件的分析判断以及据此制订的任务、策略。它具有变动性、非普适性、特殊性。

具体论断是无比生动、丰富、多样的，这是马克思主义的生长点，也是马克思主义发展和生命力的突出体现。这些具体论断与特定的时间、地点、条件相联系，具有动态发展性。在把握马克思主义"变"与"不变"的基础上，首先，要深刻理解和把握马克思主义的基本原理的相对稳定和不变的实质，着力于马克思主义基本原理的科学性和真理性进行解读。帮助学生准确把握自然界和人类社会发展的普遍规律，把握人类社会发展的普遍规律和社会主义代替资本主义的必然趋势。正确理解自然界客观存在的对立统一规律、质量互变规律和否定之否定规律。理解生产力与生产关系、经济基础与上层建筑矛盾运动的规律，即生产力决定生产关系，生产关系一定要适合生产力的性质和状况，经济基础决定上层建筑，上层建筑一定要适合经济基础的规律，进而在此基础上理解资本主义社会生产社会化与生产资料私人占有之间的基本矛盾和资本主义社会基本矛盾运动的规律与资本剥削工人劳动的剩余价值规律，明晰资产阶级的灭亡和无产阶级的胜利同样是不可避免的，明白社会主义必然代替资本主义的客观趋势。其次，着力于马克思主义的实践性与开放性进行解读，帮助学生正确把握马克思主义中国化的理论与实践创新成果，即毛泽东思想和中国特色社会主义理论体系以及中国特色社会主义生动而广阔的社会实践。习近平指出，"中国特色社会主义，是科学社会主义理论逻辑和中国社会发展历史逻辑的辩证统一"。① 因此，我们要用发展着的马克思主义理论教育青年学生，并运用马克思主义解决中国特色社会主义建设中出现的各种实际问题，在进一步深化改革的实践中不断发展马克思主义，推进马克思主义中国化进程。

---

① 中央文献研究室：《习近平谈治国理政》，外文出版社2014年版，第21页。

第七章　马克思主义基本原理与思想政治理论课结合的基本原则

"马克思主义不是书斋里的学问，而是为了改变人民历史命运而创立的，是人民在求解放的实践中形成的，也是人民在求解放的实践中丰富和发展的。"① 对此，思想政治理论课教师要进一步运用马克思主义基本原理，结合时代精神和中国实际，用鲜活生动的当代中国实践推动马克思主义的中国化，不断开辟新时代马克思主义的新境界。恩格斯指出："只要进一步发挥我们的唯物主义观点，并且把它应用于现时代，一个强大的、一切时代中最强大的革命远景就会立即展现在我们面前。"② 十八大以来，马克思主义基本原理与波澜壮阔的社会实践相结合，产生了一系列新思想、新理念、新论断、新战略、新突破、新判断。对此，思想政治理论课要因事而化、因时而进、因势而新，结合新的实践不断推动马克思主义理论的丰富和发展。同时，应立足根本和内核，铸魂固本，着力教育内容的"新"、教育方法的"活"、教育态度的"实"、教育空间的"活"，

---

① 习近平："在纪念马克思诞辰 200 周年大会上的讲话"，新华网，2018 年 5 月 4 日，http://cpc.people.com.cn/n1/2018/0504/c64094-29966126.html。

② 《马克思恩格斯选集》第 2 卷，人民出版社 1995 年版，第 38 页。

不断研究新时代的新形势、把握新变化、回应新课题，努力开创立体化、开放性的马克思主义基本原理与思想政治理论课有机结合的新局面。

一、坚守"根"与"魂"，着力把握教育的发展方向与根本内核

（一）"根"，就是立德树人

立德树人是学校教育的立身之本，也是青年学生马克思主义基本原理教育的根本使命。马克思主义基本原理教育是立德树人的重要途径，而立德树人则是马克思主义基本原理教育的内在依据和价值归宿，开展高校思想政治教育与马克思主义基本原理教育必须要基于立德树人的最终目标。只有基于立德树人的目标，才能有效避免马克思主义基本原理教育内容的偏狭和单薄、教育方式的说教性和强制性。新时代对学校推进马克思主义基本原理教育的创新和实践发展提出了新的要求，无论如何改革与推进，只有牢牢把握住立德树人根本任务，即是抓住了推动马克思主义基本原理教育创新和发展的关键方向和深度着力点，才能有效推动马克思主义基本原理教育的针对性和实效性。

（二）"魂"，就是社会主义核心价值观

社会主义核心价值观作为一种稳定的、科学的、系统的政治意识，是中国人民对于政治生活、政治体系、价值判断所蕴含的价值意义的高度理解与认同。对于我们国家与民族而言，"社会主义核心价值观，承载着一个民族、一个国家的精神追求，体现着一个社会

评判是非曲直的价值标准",具有凝聚社会共识、引领社会思潮、健全社会心态、守望精神家园的重要作用。[1] 它是一个国家共同的思想道德基础、是全体人民的共同价值追求,是新时代马克思主义基本原理教育的核心内容。青年学生的政治认同如果缺失了社会主义核心价值观的认同,马克思主义基本原理教育如果缺少了社会主义核心价值观的培育,青年学生的政治认同就会魂无定所、行无依归,高校的马克思主义基本原理教育就会是盲目的、散乱的、浅层次的、苍白无力的。新时代,高校的马克思主义基本原理教育面临的最大问题之一就是,微媒介信息与社会思潮传播的复杂性与碎片性,这极大地影响与干扰了青年学生对马克思主义基本原理的正确认识与理解,而社会主义核心价值观则是突破这种消解与分化这种错误认知的重要聚合力。因此,只有牢牢把握社会主义核心价值观的培育,青年学生的马克思主义基本原理教育才能生成强大的着力点,马克思主义基本原理教育才更具有生命力和感召力。

二、立足"新"、"活"、"实"、"动",着力教育的亲和力和针对性

(一)"新",指的是教育内容要新起来

目前,在学校对青年学生进行马克思主义基本原理教育的过程中,有时学生不想听、不愿听和不爱听,原因之一就是教学内容陈旧过时,缺少"地气",缺失新意。对此,一方面教师要引导学生掌

---

[1] 中央文献研究室:《习近平谈治国理政》,外文出版社2014年版。

握理论体系的逻辑性、系统性和完整性，运用马克思主义的立场、观点，增强对重大理论和现实问题的阐释力，彰显教材体系的科学性和真理性；另一方面，教师要勇于创新、善于创新，课堂讲授既要基于教材，又要超越教材，善于将党和国家的重要理论成果与新信息及时纳入教材体系，善于在可感、可触、可视的真实现实和活动中敏锐把握教育契机，聚焦教学重点、社会热点、理论难点、思想疑点，让教育内容新起来。新时代，青年学生马克思主义基本原理的教育内容要围绕新形势、新变化，着力推动习近平新时代中国特色社会主义思想进校园、进课堂、进头脑；将党和国家发展的新理念、新举措、新战略纳入教材体系；把实现中华民族的伟大复兴与建设中国特色社会主义的新概念、新表述，新判断、新思路、新布局等融入教学内容，精辟讲解。

(二)"活"，指的是教育方法要活起来

呆板乏味、不接地气、刚性强制的教育方法，容易造成思想政治理论课教师自说自话、学生游离于外的现象，导致马克思主义基本原理教育实效性和吸引力严重降低。对此，开展马克思主义基本原理教育的教师在课堂教学中，要自觉从马克思主义基本原理教育的支配地位变换到指导地位，放下身段，主动关注青年学生的期待和需求，以具体化、生活化、形象化和日常化的教育形式和载体感染高校学生，提高学生的抬头率，把学生的兴趣引出来；积极营造生动活泼、异彩纷呈、健康有序的课堂教学氛围，如有些学校利用VR眼镜为学生营造出鲜活的情境来了解长征历史；巧妙设计、灵活运用主题突出、行之有效的讨论、辩论等传统教学方法和高度聚焦，真实生动的微课、翻转课堂等新式教学方法，创设出基于师生互动交流、共同探究的课堂教学形态，努力使课堂从虚渺的天上回到人间、从遥远的空中回到地上、从抽象的文本进入学生心中，丰富学生的心理体验、情感体验，继而达到青年学生对马克思主义基本原理教育从态度与行为的高度认同。

（三）"实"，指的是教育态度要实起来

教师要实实在在地参与到马克思主义基本原理教育的工作之中，坚持教书和育人相统一，坚持言传和身教相统一。主动担负起学生健康成长指导者和引路人的使命，以德立身、以德立学、以德施教，用良好的品德修养影响学生，用饱满的教育热情感染学生，用厚实的理论素养打动学生，用积极的人生态度激励学生，引导学生真心认同马克思主义理论和中国特色社会主义理论体系的意蕴和魅力，确立坚定的"四个自信"。同时，教师要着眼学生马克思主义基本原理教育的实际实效，关心高校学生的成长，关注他们的生活，增强学生的社会存在感和归属感；立足学生现实的需求点、思想的融合点，关注他们的思想，关注他们的现实，解决其迷茫与困惑，解决其缠绕心中却百思不解的难题，脚踏实地推进教育方式方法的改革与创新。切实使青年学生通过学、思、践、悟、行实现对国家与民族的政治认同。

（四）"动"，指的是教育空间要动起来

开展大学生马克思主义基本原理教育，理论和实践要结合起来，共同筑起教育的同心圆。因此，教师除了通过课堂教学让学生接受教育之外，还要进一步构筑与学校马克思主义基本原理教育相承接的其他教育平台和合力，探究立体、开放的红色教育、爱国主义教育和社情国情教育的现场教学模式。在真实丰富的社会环境与社会现实中，让青年学生更多地多角度、多方面地主动探究和积极体验，在感性直观的认识过程中真心认同中国特色社会主义发展的战略和方向，自觉把个人的理想追求融入国家和民族的事业中。同时，思想政治理论课教师还应主动借助QQ、微信群、主题网站、微信公众账号学习平台等，推动传统媒体与新兴媒体在内容、方式、平台、渠道和管理等方面的深度融合发展，探索构筑交叉融合、立体多元、精准对接的校园"微"传播体系，在校内校外、线上线下、课上课下六个维度上形成合力，推出一批有态度、有温度、有厚度、有力度的栏目，构筑与学生思想沟通的新渠道，实现不同教育空间的优势互补。此外，开展青年学生的马克思主义基本原理教育，要打破孤岛教育模式，加强部门合作，教师要主动配合学校其他教育载体，如心理辅导、党建、校园文化建设招生等，依托学校行政与后勤、招生就业等教化力量，使各类课程与思想政治理论课同向同行，形成协同效应。实现最佳的马克思主义基本原理教育效果。

第八章　马克思主义基本原理与思想政治理论课结合的应用探微

思想政治理论课运用马克思主义基本原理要贯穿"一条主线",即:教育引导青年学生正确认识人类社会发展的客观规律。马克思主义基本原理总结了人类社会发展的实践经验,在正确分析资本主义的基础上,揭示了人类社会发展的客观规律,为人类社会的发展指明了方向。所以,在思想政治理论课教学过程中,一定要着重讲授辩证唯物主义和历史唯物主义的基本原理,在帮助青年学生真正理解的基础上,把握社会主义代替资本主义的历史规律,树立社会主义和共产主义信念,坚定马克思主义信仰。为此,要引导青年学生从人类社会发展规律的高度来认识当今世界的变化及其趋势,在青年学生关注当代资本主义经济、科技、军事等发展的同时,引导青年学生深刻认识资本主义自身内含的基本矛盾,以及最终被社会主义替代的历史必然性,树立中国特色社会主义的共同理想和共产主义的崇高理想;在青年学生把握社会主义代替资本主义的历史必然性、看到社会主义优越性的同时,引导青年学生深刻认识社会主义发展的曲折性、反复性,从而认识建设社会主义事业的长期性、艰巨性、复杂性。其次要突出"一个重点",即马克思主义世界观和方法论。从本质上讲,马克思主义运用辩证唯物主义和历史唯物主义基本原理,揭示了资本主义和社会主义的发展趋势与规律,因而具有世界观和方法论的意义。为此,在思想政治理论课教学过程中,不但要讲授辩证唯物主义和历史唯物主义这一根本的世界观和方法论,而且要讲授贯穿在马克思主义资本主义论和社会主义论中的世界观和方法论。在坚持"一个主题"、"一条主线"的前提下,以辩证唯物主义和历史唯物主义为基本线索,将政治经济学和科学社会主义的内容融入对辩证唯物主义和历史唯物主义的讲授之中,实现重点讲授辩证唯物主义和历史唯物主义的教学重点。

一、马克思主义矛盾分析法与社会主要矛盾的变化

社会主要矛盾是社会基本矛盾的具体体现。社会基本矛盾,即生产力和生产关系、经济基础和上层建筑的矛盾,贯穿并制约着社会发展的全过程,规定社会发展过程的基本性质。在实际生活中,社会基本矛盾往往要通过具体的社会矛盾表现出来,而各种具体矛盾的变化发展会导致社会发展呈现出一定的阶段性特征。在考察具体的社会时,我们通常会从经济、政治、文化思想等方面去分析社会矛盾,而这些具体领域或具体方面的矛盾往往是社会基本矛盾在社会各个领域或方面的表现或折射。除了社会基本矛盾,社会中还存在着各种具体矛盾,特别是社会主要矛盾。马克思主义认为,社会基本矛盾必然会在经济生活领域中以多种多样的形式(多个矛盾)反映出来。"任何过程如果有多数矛盾存在的话,其中必定有一种是主要的，起着领导的、决定的作用，其他则处于次要和服从的地位。"① 社会主要矛盾是处于支配地位，在社会发展过程一定阶段上起主导作用的矛盾。社会主要矛盾不是一成不变的，它在一定条件下会发生转化。在社会发展一定阶段上，由于社会经济、政治、文化等因素的变化，原有的社会主要矛盾会朝着两个方面转化：一是社会主要矛盾双方的内容发生一定变化；二是矛盾地位发生变化，原来的主要矛盾转化为从属地位的矛盾，而原来的某个非主要矛盾则上升为占支配地位的主要矛盾。随着十一届三中全会把党和国家的工作中心转移到经济建设上来，我们党对社会主要矛盾的提法作了凝练，提出"在社会主义改造基本完成以后，我国所要解决的主要矛盾，是人民日益增长的物质文化需要同落后的社会生产之间的矛盾"并由此提出社会主义初级阶段理论②，成为推进新时期党和国家工作的基本依据。我国的改革开放和社会主义现代化建设之所以取得如此巨大的成就，是与我们党准确把握和正确处理我国社会的主要矛盾分不开的。党的十八大以来，中国特色社会主义进入了新时代。在新的历史条件下，科学把握社会主要矛盾变化，对全面推动新时代党和国家事业发展、实现中华民族伟大复兴，具有重大的现实意义。我们党在牢牢把握社会主义初级阶段基本国情的基础上，准确把握我国社会主要矛盾的变化，作出了新的重大判断。党的十九大指出，中国特色社会主义进入新时代，我国社会主要矛盾"已经从人民日益增长的物质文化需要同落后的社会生产之间的矛盾，转化为人民日益增长的美好生活需要和不平衡不充分的发展之间的

---

① 《毛泽东选集》第1卷，人民出版社1991年版，第322页。
② 《十一届三中全会以来重要文献选读（上册）》，人民出版社1987年版。

矛盾"①。由于社会主要矛盾发生了变化，它所影响的社会发展过程也发生了变化，社会发展过程也出现了新的阶段性特点，并形成了社会主要矛盾转化的客观依据。一方面，人民美好生活需要日益广泛，不仅对物质文化生活提出了更高要求，而且在民主、法治、公平、正义、安全、环境等方面的要求日益增长；另一方面，我国社会生产力水平总体上显著提高，社会生产能力在很多方面进入世界前列。我国总体上实现了小康，"解决了许多长期想解决而没有解决的难题，办成了许多过去想办而没有办成的大事，推动党和国家事业发生历史性变革"②，这些历史性成就是全方位的、开创性的③。这些重大成就的取得，意味着我国已经基本解决了"落后的生产力"难以满足"人民群众日益增长的物质文化需要"的矛盾。然而，在取得重大发展成就的同时，我们也遭遇了一系列新的结构性难题，"主要是：发展不平衡不充分的一些突出问题尚未解决，发展质量和效益还不高，创新能力不够强，实体经济水平有待提高，生态环境保护任重道远……群众在就业、教育、医疗、居住、养老等方面面临不少难题"④。这些突出的问题事实上正是新的社会主要矛盾的集中体现，正是我国社会主要矛盾已然发生转化的突出特征。"捉住了这个主要矛盾，一切问题就迎刃而解了。"⑤ 因此，党的十九大报告

---

① 习近平：《决胜全面建成小康社会 夺取新时代中国特色社会主义伟大胜利——在中国共产党第十九次全国代表大会上的报告》，人民出版社2017年版，第11页。
② 习近平：《决胜全面建成小康社会 夺取新时代中国特色社会主义伟大胜利——在中国共产党第十九次全国代表大会上的报告》，人民出版社2017年版，第8页。
③ 习近平：《决胜全面建成小康社会 夺取新时代中国特色社会主义伟大胜利——在中国共产党第十九次全国代表大会上的报告》，人民出版社2017年版，第16页。
④ 习近平：《决胜全面建成小康社会 夺取新时代中国特色社会主义伟大胜利——在中国共产党第十九次全国 代表大会上的报告》，人民出版社2017年版，第9页。
⑤ 《毛泽东选集》第1卷，人民出版社1991年版，第322页。

立足于我国变化了的实际,根据其所呈现出的新的矛盾特质,审时度势,实事求是,作出了我国社会主要矛盾发生转化的新论断。今天,我们要紧紧扭住这一主要矛盾不放,在继续推进我国经济社会发展的基础上,着力解决好发展不平衡不充分问题,大力提升发展质量和效益,以更好满足人民对美好生活的需要,更好推动人的全面发展、社会全面进步。这样,新时代中国特色社会主义的发展就有了可靠的保障,实现中华民族伟大复兴的目标就一定能够实现。

二、马克思主义辩证思维与美丽中国的建设

辩证思维是唯物辩证法在思维中的运用,是指从事物相互联系、相互作用的关系出发,分析矛盾、抓住关键、找准重点、洞察事物发展规律的能力。辩证思维能力具体表现为:从对立统一中把握事物及其发展过程,具体问题具体分析,善于抓住事物主要矛盾和矛盾的主要方面。培养辩证思维能力,能够使人更加全面准确地认识和把握事物,真正做到透过现象看本质。

首先,要坚持人与自然和谐共生。建设生态文明是中华民族永续发展的千年大计,关系人民福祉,关乎民族未来,功在当代、利在千秋。生态文明建设,是指人类在利用和改造自然的过程中,主动保护自然,积极改善和优化人与自然的关系,建设健康有序的生态运行机制和良好的生态环境。生态文明是人类社会进步的重大成果。人类经历了原始文明、农业文明、工业文明,生态文明是工业文明发展到一定阶段的产物,是实现人与自然和谐发展的新要求。生态兴则文明兴,生态衰则文明衰,这是人类社会生态灾难总结出

来的血的教训。生态环境没有替代品,用之不觉,失之难存。我国的生态文明建设必须立足于当前特殊的自然生态环境现状、经济发展水平、文化建设状况、社会政治条件以及人口素质等,走符合国情的社会主义生态文明建设道路。其次,要把握社会主义生态文明的核心是坚持人与自然和谐共生。人生活在天地之间,以天地自然为生存之源、发展之本,在与自然的相互作用中,创造和发展了人类文明。在这个历程中,人与自然的关系经历了从依附自然到利用自然再到人与自然和谐共生的发展历程。今天,人类社会正日益形成这样的普遍共识:人因自然而生,人与自然是一种共生关系,对自然的伤害最终会伤及人类自身,这个客观规律谁也无法抗拒。中华文明历来强调天人合一、尊重自然。"万物各得其和以生,各得其养以成。"五千多年的中华文明就是在人与自然的和谐共生中发育成长,生生不息,绵绵不绝。人与自然的和谐共生,是中华民族生命之根,是中华文明发展之源。到了近代,随着工业化的到来,和世界许多国家一样,我们也经历了一个向自然界进军、改造自然、征服自然的过程,在快速形成现代化发展物质基础的同时,也给自然生态系统带来了很大的破坏,出现森林消失、土地沙化、湿地退化、水土流失、干旱缺水等严重生态问题和水、土、空气遭到污染等严重环境问题。伴随这些问题而来的必然是自然的报复。面对资源约束趋紧、环境污染严重、生态系统退化的严峻形势,必须树立尊重自然、顺应自然、保护自然的生态文明理念,保护自然生态系统,维护人与自然之间形成的生命共同体。尊重自然,是人与自然相处时应秉持的首要态度,要求人对自然怀有敬畏之心、感恩之情、报恩之意,尊重自然界的创造和存在,绝不能凌驾于自然之上,只有尊重自然才是人与自然相处的科学态度。尊重自然，就要深刻认识到人类与自然是平等的，人类不是自然的奴隶，也不是自然的上帝，人因自然而生，人属于自然，而不是自然属于人；就要深刻认识到自然界是人类赖以生存发展的基本条件，人类生活所需要的一切均直接或间接来自自然；就要深刻认识到一切物种均有生命，均有其独特价值，均是自然大家族中不可或缺的部分，人与自然不仅是共融共生的生命共同体，更是休戚与共的命运共同体。顺应自然，是人与自然相处时应遵循的基本原则，要求人顺应自然的客观规律，按自然规律办事。包括人类在内的自然界是一个完整有机的生态系统，具有自身运动、变化和发展的内在规律，不以人的意志为转移。人利用和改造自然的实践活动只有适应自然规律，才能做到人与自然和谐相处。顺应自然，就是要使人类的活动符合而不是违背自然界的客观规律，以制度约束人的行为，防止出现因急功近利和个人贪欲而违背自然规律的现象。保护自然，是人与自然相处时应承担的重要责任，要求人发挥主观能动性，在向自然界索取生存发展之需的同时，呵护自然，回报自然，保护自然界的生态系统，对自然界不能只讲索取不讲投入、只讲利用不讲建设。要把人类活动控制在自然能够承载的限度之内，给自然留下恢复元气、休养生息、资源再生的空间，实现人类对自然获取和给予的平衡，多还旧账，不欠新账，防止出现生态赤字和人为造成的不可逆的生态灾难。最后，要建设社会主义的生态文明就是要实现和谐发展，就是要建设以资源环境承载力为基础、以自然规律为准则、以可持续发展为目标的资源节约型、环境友好型社会，努力走向社会主义生态文明新时代。

三、马克思主义发展动力观与全面深化改革

社会基本矛盾运动的结果,不仅表现为通过革命实现一种新的社会制度取代旧的社会制度,而且表现为通过改革实现社会制度的自我调整和完善。改革是同一种社会形态发展过程中的量变和部分质变,是推动社会发展的又一重要动力。我国自 20 世纪 70 年代末以来进行的改革,是社会主义制度的自我完善和发展。当前,我国已经进入了全面深化改革的历史新阶段。

第一,改革在社会发展中的作用。

社会基本矛盾运动的结果,不仅表现为通过革命实现一种新的社会制度取代旧的社会制度,而且表现为通过改革实现社会制度的自我调整和完善。改革是同一种社会形态发展过程中的量变和部分质变,是推动社会发展的又一重要动力。我国自 20 世纪 70 年代末以来进行的改革,是社会主义制度的自我完善和发展。当前,我国已经进入了全面深化改革的历史新阶段。

改革在社会历史发展中的重要作用集中表现在:它是在一定程度上解决社会基本矛盾、促进生产力发展、推动社会进步的有效途径和手段。在一定社会形态总的量变过程中,当社会基本矛盾发展到一定程度但又尚未激化到引起社会革命的程度时,就需要依靠改革的途径或手段,来改变与生产力不相适应的生产关系和与经济基础不相适应的上层建筑。改革所涉及的领域是多方面的,包括经济改革、政治改革、文化改革等。如果说社会革命适用于解决现存的社会基本制度问题,把生产力从已不能容纳它的旧的生产关系中解

放出来，那么，改革则适用于解决现存的社会体制存在的问题，在不改变社会基本制度的前提下，对生产关系和上层建筑的某些方面和环节进行变革，从而促进生产力发展和社会进步。

从历史上看，改革有范围和程度上的不同。有的是局部性的、浅层次的改革，有的则是全局性的、深层次的改革。由于后者对社会的生产关系和上层建筑有深层的触动和调整，因而能对社会生活产生广泛而深远的影响，甚至会影响到一定社会的发展方向。对于这样的改革，人们有时也会在一定意义上称其为"革命"或"社会革命"。这种概念的用法，不是从社会形态更替的本来含义上讲的，而是就这种改革的深刻性和对社会的深远影响而言的。

社会主义社会也是一个需要改革并经常进行改革的社会，社会主义社会的改革也有范围和程度上的不同。中国的社会主义改革是一场广泛深刻的伟大变革，从性质上看，它是社会主义制度的自我完善和自我发展，但从其广泛性和深刻性而言，从对我国社会生活的深远影响而言，则可以说是一场伟大的革命。新时代中国特色社会主义是我们党领导人民进行伟大社会革命的成果，也是我们党领导人民进行伟大社会革命的继续，是一场具有许多新的历史特点的伟大社会革命，必须以一贯之进行下去。

第二，坚定不移地全面深化改革。

改革是一个国家、一个民族的生存发展之道。没有改革开放就没有当代中国的发展进步。改革只有进行时，没有完成时。党的十八大以来，以习近平同志为核心的党中央坚持马克思主义的立场观点、从社会主义实践的历史经验和中国特色社会主义发展的现实需要出发，把全面深化改革作为"四个全面"战略布局中具有突破性和先导性的关键环节、具有新的历史特点的伟大斗争的重要方面；以巨大的政治勇气和强烈的责任担当，最大限度集中全党全社会智慧，最大限度调动一切积极因素，敢于啃硬骨头，敢于涉险滩，坚决破除一切不合时宜的思想观念和体制机制弊端，突破利益固化的藩篱，坚定不移、蹄疾步稳推进全面深化改革，推动党和国家事业发生了历史性变革，为继续深化改革奠定了坚实基础、提供了有利条件。

全面深化改革，关系党和人民事业前途命运，关系党的执政基础和执政地位。中国特色社会主义进入新时代，要站在更高起点谋划和推进改革，改革是有方向、有立场、有原则的。坚持什么样的改革方向，决定着改革的性质和最终成败，全面深化改革的深刻性和复杂性前所未有，各种思想文化相互激荡，各种矛盾相互交织，各种诉求相互碰撞，各种力量竞相发声。在这种情况下，确保改革沿着有利于党和人民事业发展的正确方向前进就越发重要。

坚持党对改革的集中统一领导。党是改革的倡导者、推动者、领导者，改革能否顺利推进，关键取决于党，取决于党的领导。十八大以来，面对艰巨复杂的改革任务，党中央举旗定向、谋篇布局，以前所未有的决心和力度推进全面深化改革；坚持从体制机制层面入手，统筹谋划改革任务，改革涉及范围之广、出台方案之多、触及利益之深、推进力度之大前所未有；坚持一分部署、九分落实，抓铁有痕、踏石留印，各项改革相继落地、渐次开花；坚持凝聚各方智慧，创造和积累了改革的新鲜经验。改革开放是人民的要求和党的主张的统一，在全面深化改革中要坚持党的领导和坚持人民主体地位的有机统一，坚持在党的领导下紧紧依靠人民推进改革开放。

坚持改革沿着中国特色社会主义方向前进。方向决定道路，道路决定命运。我国改革开放之所以能取得巨大成功，关键是我们把党的基本路线作为党和国家的生命线，始终坚持把以经济建设为中心同四项基本原则、改革开放这两个基本点统一于中国特色社会主义伟大实践，既不走封闭僵化的老路，也不走改旗易帜的邪路，坚定不移走中国特色社会主义道路。改革是社会主义制度自我完善和发展，不是对社会主义制度改弦易张，不实行改革开放死路一条，搞否定社会主义方向的"改革开放"也是死路一条，不论怎么改革、怎么开放，都要始终坚持中国特色社会主义道路、中国特色社会主义理论体系、中国特色社会主义制度。

坚持改革往有利于维护社会公平正义、增进人民福祉方向前进。促进社会公平正义、增进人民福祉是全面深化改革的出发点和落脚点，是坚持党全心全意为人民服务根本宗旨的必然要求。在不同发展水平上，在不同历史时期，不同的人，对社会公平正义的认识和诉求不同。我们讲促进社会公平正义，是从最广大人民根本利益出发，从社会发展水平、社会大局、全体人民的角度出发，通过创新制度安排，创造更加公平正义的社会环境，让改革发展成果更多更公平惠及全体人民，保证人民平等参与、平等发展权利，实现好、维护好、发展好最广大人民根本利益。通过改革给人民群众带来更多的获得感。

坚持社会主义市场经济改革方向。提出建立社会主义市场经济体制的改革目标，是我们党在建设中国特色社会主义进程中的重大理论和实践创新，解决了世界上其他社会主义国家长期没有解决的一个重大问题。我国社会主义市场经济体制已经初步建立，要继续朝着加快完善社会主义市场经济体制的目标努力,着力健全使市场在资源配置中起决定性作用和更好发挥政府作用的制度体系。坚持社会主义市场经济改革方向,不仅是经济体制改革的基本遵循,也是全面深化改革的重要依托。要使各方面体制改革朝着这一方向协同推进,同时也使各方面自身相关环节更好适应社会主义市场经济发展提出的新要求。

第三,全面深化改革的总目标和主要内容。

党的十八届三中全会通过了《中共中央关于全面深化改革若干重大问题的决定》,提出全面深化改革的总目标是完善和发展中国特色社会主义制度,推进国家治理体系和治理能力现代化。

完善和发展中国特色社会主义制度,推进国家治理体系和治理能力现代化,这两句话是一个整体,前一句规定了根本方向,后一句规定了实现路径,我们是在中国特色社会主义道路这个方向上推进国家治理体系和治理能力现代化。推进国家治理体系和治理能力现代化,是完善和发展中国特色社会主义制度的必然要求,是实现社会主义现代化的应有之义。推进国家治理体系和治理能力现代化,就是要使各方面制度更加科学、更加完善,为党和国家事业发展、为人民幸福安康、为社会和谐稳定、为国家长治久安提供一整套更完备、更稳定、更管用的制度体系,实现党、国家、社会各项事务治理制度化、规范化、程序化,善于运用制度和法律治理国家,提高党科学执政、民主执政、依法执政水平,提高运用中国特色社会主义制度有效治理国家的能力,充分发挥我国社会主义制度优越性。

国家治理体系和治理能力是一个国家的制度和制度执行能力的集中体现,两者相辅相成。国家治理体系是在党领导下管理国家的制度体系，包括经济、政治、文化、社会、生态文明和党的建设等各领域体制机制、法律法规安排，即一整套紧密相连、相互协调的国家制度；国家治理能力则是运用国家制度管理社会各方面事务的能力，包括改革发展稳定、内政外交国防、治党治国治军等各个方面。治理国家，制度是起根本性、全局性、长远性作用的，但没有有效的治理能力，再好的制度也难以发挥作用。同时，又不能把国家治理体系和国家治理能力等同起来，不是国家治理体系越完善，国家治理能力越强。必须把国家治理体系和治理能力结合在一起，把两者当作一个相辅相成的有机整体，通过好的国家治理体系提高治理能力，通过提高国家治理能力充分发挥国家治理体系的效能。

推进国家治理体系和治理能力现代化，必须解决好价值体系问题。培育和弘扬核心价值体系和核心价值观，有效整合社会意识，是社会系统得以正常运转、社会秩序得以有效维护的重要途径，是国家治理体系和治理能力的重要方面。能否构建具有强大感召力的核心价值观，关系社会和谐稳定，关系国家长治久安。要大力培育和弘扬社会主义核心价值体系和核心价值观，加快构建充分反映中国特色、民族特性、时代特征的价值体系，努力抢占价值体系的制高点。

党的十八届三中全会既提出了全面深化改革的总目标，也在总目标统领下明确了经济体制、政治体制、文化体制、社会体制、生态文明体制和党的建设制度等方面深化改革的具体目标和任务，强调要紧紧围绕使市场在资源配置中起决定性作用和更好发挥政府作用深化经济体制改革，紧紧围绕坚持党的领导、人民当家作主、依法治国有机统一深化政治体制改革，紧紧围绕建设社会主义核心价值体系、社会主义文化强国深化文化体制改革，紧紧围绕更好地保障和改善民生、促进社会公平正义深化社会体制改革，紧紧围绕建设美丽中国深化生态文明体制改革，紧紧围绕提高科学执政、民主执政、依法执政水平深化党的建设制度改革。总之，用于推进理论创新、实践创新、制度创新以及其他各方面的创新，让制度更加成熟定型，让发展更有质量，让治理更有水平，让人民更有获得感。

第四，正确处理全面深化改革中的重大关系。

全面深化改革要攻坚涉险，必须坚持正确的思想方法，不断探索和把握全面深化改革的内在规律，特别是要把握和处理好全面深化改革中的一些重大关系。

处理好解放思想和实事求是的关系。坚持解放思想、实事求是，运用辩证唯物主义和历史唯物主义立场观点方法来观察世界、指导实践，从改革开放的实践中和人民群众的创造中总结经验、汲取营养，推进实践基础上的理论创新，为全面深化改革提供了体现时代性、把握规律性、富于创造性的理论指导和重要思想保证。解放思想和实事求是相统一的，解放思想目的和实质都是为了做到实事求是。全面深化改革，面临的挑战和困难前所未有，必须进一步解放思想、坚持实事求是。

处理好顶层设计和摸着石头过河的关系。摸着石头过河和加强顶层设计是辩证统一的。摸着石头过河就是坚持边实践边总结，从实践中获得真知，这是富有中国特色、符合中国国情的改革方法，也是符合马克思主义认识论和实践论的方法，我国改革开放是先试验、后总结、再推广不断积累的过程。随着全面深化改革的不断推进，其艰巨性、复杂性、系统性愈加凸显，要继续大胆试验，试点改革。同时，不谋全局者，不足谋一域。改革推进到现在，必须在深入调查研究的基础上提出全面深化改革的顶层设计和总体规划，所谓顶层设计，就是要对经济体制、政治体制、文化体制、社会体制、生态体制作出统筹设计，加强对各项改革关联性的研判，努力做到全局和局部相配套、治本和治标相结合、渐进和突破相促进。

处理好整体推进和重点突破的关系。全面深化改革是关系党和国家事业发展全局的重大战略部署，是一个涉及经济社会发展各领域的复杂系统工程，每一项改革都会对其他改革产生重要影响，每一项改革又都需要其他改革协同配合。注重系统性、整体性、协同性是全面深化改革的内在要求，也是推进改革的重要方法。坚持整体推进，统筹谋划深化改革各个方面、各个层次、各个要素，注重推动各项改革相互促进、良性互动、协同配合，注重改革措施整体效果，防止畸重畸轻、单兵突进、顾此失彼。整体推进、协同改革不是平均用力、齐头并进，也要注重抓主要矛盾和矛盾的主要方面，注重抓重要领域和关键环节。重要领域"牵一发而动全身"，关系到改革大局，是改革的重中之重；关键环节"一子落而满盘活"，关系到改革成效，是改革的有力支点。以这些重要领域和关键环节为突破口，可以对全面改革起到牵引和推动作用，面对改革的复杂形势和繁重任务，既抓重要领域、重要任务、重要试点，又抓关键主体、关键环节、关键节点。

处理好胆子要大、步子要稳的关系。在中国这样一个拥有十三亿多人口的国家深化改革，绝非易事。党的十九大报告指出，全面深化改革已进入深水区，可以说，容易的、皆大欢喜的改革已经完成了，好吃的肉都吃掉了，剩下的都是难啃的硬骨头。这要求改革胆子要大、步子要稳。胆子要大，就是改革再难也要向前推进，敢于担当，敢于啃硬骨头，敢于涉险滩。步子要稳，就是方向要准，行驶要稳，尤其是不能犯颠覆性错误。对一些重大改革，不可能毕其功于一役，要稳扎稳打，通过不断努力逐步达到目标，积小胜为大胜。"图难于其易，为大于其细。天下难事，必作于易；天下大事，必作于细"。

处理好改革、发展、稳定的关系。改革、发展、稳定是我国社会主义现代化建设的三个重要支点，改革是经济社会发展的强大动力，发展是解决一切经济社会问题的关键，稳定是改革发展的前提。习近平强调我国既处于发展的重要战略机遇期，也处于社会矛盾凸显期，在社会稳定中推进改革发展尤为重要。要增强改革措施、发展措施、稳定措施的协调性，把握好当前利益和长远利益、局部利益和全局利益、个人利益和集体利益的关系，既着力解决关系群众切身利益的问题，又着力引导群众正确处理各种利益关系、理性合法表达利益诉求，营造安定团结的社会氛围。坚持把改革的力度、发展的速度和社会可承受的程度统一起来，把改善人民生活作为正确处理改革发展稳定关系的结合点，在保持社会稳定中推进改革发展，通过改革发展促进社会稳定。

四、共产主义远大理想和中国特色社会主义共同理想

理想是指引人们奋斗方向的航标，也是推动人们前进的强大精神动力。一个社会不能没有理想，一个人也不能没有理想。个人的理想必须同社会发展进步的大趋势相一致。共产主义理想是建立在科学基础上的社会理想，是人类最伟大的社会理想。在坚持和发展中国特色社会主义的实践中，我们不但要坚定中国特色社会主义共同理想，而且要进一步树立共产主义远大理想。邓小平指出："我们一定要经常教育我们的人民，尤其是我们的青年，要有理想。为什么我们过去能在非常困难的情况下奋斗出来，战胜千难万险使革命胜利呢？就是因为我们有理想，有马克思主义信念，有共产主义信念。我们干的是社会主义事业，最终目的是实现共产主义。"①

第一，坚持和发展中国特色社会主义是中华民族通向共产主义的必由之路。在社会主义历史时期，民族国家仍然存在。社会主义建设是在各个民族国家的范围内分别进行的。由于各个民族国家的历史传统和现实国情不同，建设社会主义的具体道路也会有所不同，进入社会主义时期的国家应该以具有自身特点的方式逐步向共产主义方向迈进。中国是一个历史悠久的东方大国，有自身特殊的国情，社会主义建设只能走一条中国特色的道路。经过长期的探索，特别是经过改革开放以来的伟大实践，我们已经找到了中国特色社会主义这条正确道路。中国特色社会主义道路，就是在中国共产党领导下，立足基本国情，以经济建设为中心，坚持四项基本原则，坚持改革开放，解放和发展社会生产力，建设社会主义市场经济、社会主义民主政治、社会主义先进文化、社会主义和谐社会、社会主义生态文明，促进人的全面发展，逐步实现全体人民共同富裕，建设富强民主文明和谐美丽的社会主义现代化强国，实现中华民族伟大复兴。走中国特色社会主义道路，是中国革命、建设、改革事业的

---

① 邓小平：《一靠理想二靠纪律才能团结起来》，《邓小平文选》第3卷，人民出版社1993年版，第110页。

经验总结，是中华民族为了实现自身的伟大复兴作出的重大抉择。

中国特色社会主义道路是中华民族最终走向共产主义的必由之路。只有沿着这条道路前进，中国的社会主义建设才能取得成功，社会主义制度的优越性才能得到充分的体现，社会主义社会才能在充分发展和高度发达的基础上，逐步迈向共产主义社会。正如十九大报告中指出的，我们现在坚持和发展中国特色社会主义，就是向着最高理想所进行的实实在在努力。

第二，正确认识和把握共产主义远大理想与中国特色社会主义共同理想的关系。坚定社会主义和共产主义理想信念，必须正确认识共产主义远大理想与中国特色社会主义共同理想的关系。这对关系具有丰富的理论内涵，需要我们从不同的角度和层面去认识和把握。大体上，我们可以从时间、层次和范围三个维度加以考察。首先，从时间上看，远大理想与共同理想的关系是最终理想与阶段性理想的关系。共产主义远大理想也就是我们的最终理想，它的实现需要许多代人的接续奋斗，在这个接续奋斗的过程中，会有一些阶段性的理想。只有通过实现一个一个的阶段性理想，才能最终实现共产主义远大理想。如果说最终理想只有一个，那么阶段性理想则可以有许多个，而究竟会有多少个以及会有怎样的阶段性理想，则取决于理想追求的历史起点的高低、奋斗过程的长短以及社会条件的影响。实现共产主义远大理想的过程就像万里长征，应该一步一个脚印、踏踏实实地向着未来迈进，因而必然包含着许多不同的历史阶段。中国特色社会主义共同理想，就是我们在追求和实现共产主义远大理想过程中的一个阶段性理想，是当前正在着力追求的阶段性理想或近期理想。经过几十年来的努力，这个理想正在逐步化为现实。其次，从层次上看，远大理想与共同理想的关系是最高纲领与最低纲领的关系。我们党的最高理想和最终目标是实现共产主义，这也是我们党的最高行动纲领。但追求党的理想和实行党的纲领，必须从中国当下的实际出发，从实现最近的目标开始。我们党早在新民主主义革命时期，就区分了最高纲领与最低纲领，并阐明了二者的关系。尽管随着新中国的成立和发展，特别是随着改革开放以来中国特色社会主义取得伟大成就，我们当下所处的历史起点不同了，站在了新的历史起点上，但最高纲领与最低纲领的区分仍然是正确的。我们的最高理想和最高纲领没有变，而且也不会变，但在当前，坚定中国特色社会主义共同理想，进一步推进中国特色社会主义事业，就是我们党的最低纲领在当前的要求。习近平明确指出："中国特色社会主义是党的最高纲领和基本纲领的统一。中国特色社会主义的基本纲领……是从我国正处于并将长期处于社会主义初级阶段的基本国情出发的，也没有脱离党的最高理想。我们既要坚定走中国特色社会主义道路的信念，也要胸怀共产主义的崇高理想。"① 最后，从范围来看，远大理想与共同理想的关系也是全人类理想与全体中国人民理想的关系。共产主义远大理想体现的是全人类解放的共性，是面向全人类的。中国人民当然要树立远大理想，但这个理想不只属于中国人民，而是属于全人类。因此，从这个意义上讲，共产主义理想也是"共同理想"，而且是面向全人类的更大的共同理想。而中国特色社会主义共同理想，主要是面向中国人民和中华民族成员的，是全体中华儿女和中国人民的"共同理想"，无

---

① 《十八大以来重要文献选编》（上），中央文献出版社2014年版，第116页。

疑具有"共同"性，但与全人类相比，又体现了"中国特色"，体现了中国人民在社会主义和共产主义理想方面的个性特色。当我们讲要坚定中国特色社会主义共同理想的时候，不仅是指中国人民对社会主义理想的向往和追求，而且也包含着对"中国道路"的认同，即我们是通过中国自己的道路来追求社会主义理想和共产主义远大理想。这种中国特色和民族特色并没有否定理想的共同原则，而是把共同原则与国情民情相结合，使社会主义和共产主义理想展现出更丰富的色彩。

总之，必须以辩证思维把握和处理远大理想和共同理想的关系。不能用简单化的态度来对待二者的关系。任何时候都要坚持远大理想和共同理想的统一，不能把它们割裂开来、对立起来。没有远大理想的指引，就不会有共同理想的确立和坚持；没有共同理想的实现，远大理想就没有现实的基础。忘记远大理想而只顾眼前，就会失去前进的方向；离开现实工作而空谈远大理想，就会脱离实际。这是我们党在长期实践中得出的基本结论。

五、马克思主义唯物史观与人民为中心的政治立场

中国共产党以人民为中心的思想，创造性运用和发展了唯物史观关于人民群众创造历史的基本原理。坚持以人民为中心的思想，鲜明地体现了马克思主义政党的政治立场和执政理念，体现了共产党人的价值取向和工作导向。坚持以人民为中心的思想，站在时代和历史的高度，总结和概括了人民群众在中国特色社会主义实践中的伟大创造作用和主体地位，充分反映和顺应了人民群众的根本利益诉求，深刻阐明了中国共产党作为执政党的历史使命，进一步明确了实现人民对美好生活向往的奋斗目标。

人民群众是社会历史的主体，是历史的创造者。这是马克思主义最基本的观点之一。在社会历史发展过程中，人民群众起着决定性的作用。人民群众是社会历史实践的主体，在创造历史中起决定性的作用。第一，人民群众创造历史的作用是同社会基本矛盾运动推动社会前进的过程相一致的。在社会基本矛盾的解决过程中，人民群众是顺应生产力发展要求的社会力量，是具有变革旧的生产关系愿望的社会力量，是主张变革旧的社会制度和旧的思想观念的社会力量。人民群众的总体意愿和行动代表了历史发展的方向，人民群众的社会实践最终决定历史发展的结局。第二，人民群众是社会精神财富的创造者。物质生产活动的主体是人民群众，精神生产活动的主体也是人民群众。人民群众通过物质生产实践为创造精神财富提供了必要的物质条件和设施。人民群众的生活、实践活动是一切精神财富、精神产品形成和发展的源泉。人民群众还直接参与了社会精神财富的创造，尤其是人民群众中的知识分子在精神生产过程和社会精神财富的创造中起到了非常重要的作用，他们中产生了不少伟大的科学家、思想家和艺术家。第三，人民群众是社会变革的决定力量。人民群众在创造社会财富的同时，也创造并改造着社会关系。生产关系的变革，社会制度的更替，最终取决于生产力的发展，但不会随着生产力的发展自发地实现和完成，而必须借助人民群众的力量。在特定的社会环境中，人民群众通过推动生产力的发展而不断要求改进生产关系。人民群众是社会革命的主力军，他们在社会形态更替的过程中发挥了巨大作用。"人民，只有人民，才是创造世界历史的动力。"

基于此，马克思主义唯物史观与以往形形色色的唯心史观根本不同，它强调人民利益至上。历史的发展与前进归因为广大人民群众实践参与并积极推动的结果，认为历史的发展必然是不断朝着满足最广大人民群众利益的方向前进。因此，无产阶级政党必须将维护人民群众的利益作为自己一切工作的出发点和立脚点，必须将为人民服务作为自己始终秉持的根本理念。中国共产党将这一宗旨极其彻底地贯彻到了革命、建设和改革的全过程。党的十八大以来，立足于唯物史观的基本原理，基于新时代中国特色社会主义实践，习近平新时代中国特色社会主义思想将党对人民群众的地位和作用的认识提升到了新的高度。早在 2012 年中共十八届中央政治局常委同中外记者见面时的讲话中，习近平总书记就明确地将"人民对美好生活的向往"作为中国共产党的奋斗目标①这一尊重人民群众主体地位、坚决捍卫和实现人民群众利益的理念，成为了中国共产党治国理政的根本价值旨归，并在新时代党治国理政的实践进程中得以升华，将之提升到了"以人民为中心"的高度："必须坚持以人民为中心的发展思想，不断促进人的全面发展、全体人民共同富裕。""全党同志要把人民放在心中最高位置，坚持全心全意为人民服务的根本宗旨，实现好、维护好、发展好最广大人民根本利益，把人民拥护不拥护、赞成不赞成、高兴不高兴、答应不答应作为衡量一切工作得失的根本标准，使我们党始终拥有不竭的力量源泉。"② 在党

---

① 习近平：《习近平谈治国理政》第 2 卷，外文出版社 2014 年版，第 4 页。
② 习近平：《决胜全面建成小康社会 夺取新时代中国特色社会主义伟大胜利——在中国共产党第十九次全国代表大会上的报告》，人民出版社 2017 年版，第 19 页。

中共十九大报告中，累计203次提及"人民"二字，并明确指出：五年来的成就，是党中央坚强领导的结果，更是全党全国各族人民共同奋斗的结果。一个"更"字深刻展现了党对人民创造新时代的伟大地位和重要作用的深刻认识。也正是如此，党的十九大报告再次强调："不忘初心，牢记使命。"这个"初心"就是中国共产党始终为人民服务的真心，就是时刻都把实现人民利益作为根本宗旨的恒心。可以说，中共十八大以来，党和国家开展的一切事业、取得的一切成就，都是为了人民；亿万人民的支持和信赖鼓舞着党竭尽全力投身于中华民族的伟大复兴。党和人民心连心、同呼吸、共命运，谱写壮丽诗篇，铸就伟大事业，因而成为新时代中国特色社会主义的一道靓丽风景。

六、科学社会主义与共产主义理想的实现

科学社会主义指出，实现共产主义理想是人类社会的必然选择是一个合乎发展规律和目的的发展过程。共产主义一定能够实现，这是由人类社会的发展规律所决定的。人类社会从低级到高级的发展，是一个社会形态发展和交替的过程，是一个客观必然的历史进程。

首先，共产主义理想的实现是历史规律的必然要求。

人类对美好境界的追求，从广义上讲有两类：一类是具有客观必然性，经过努力可以实现的理想；另一类是完全脱离客观发展规律而陷入虚幻，从而根本不可能实现的空想。共产主义理想是能够实现的理想，它与一切空想和幻想有着本质区别。共产主义理想作为一种社会理想，是在对人类社会发展规律认识的基础上设想的社会发展目标。共产主义理想并不神秘。我们不应沉溺于对未来共产主义社会的细节描绘，但完全可以根据我们对社会结构的认识，从生产力状况、生产关系状况、社会生活和精神生活等方面去把握共产主义社会的基本特征；完全可以根据历史规律和历史趋势不断加深对其轮廓和基本特征的认识。而且，共产主义理想的实现不是靠什么神秘的力量或奇迹，而是靠社会的发展和进步，靠人民群众的实践。现实的社会主义事业每向前推进一步，也就是向着共产主义走近一步。

共产主义理想一定会实现，是以人类社会发展规律以及资本主义社会的基本矛盾发展为依据的。马克思主义不仅从社会形态交替规律上对共产主义理想实现的必然性作了一般性的历史观论证，而且通过对资本主义社会的科学批判与"病理解剖"作了具体实证的阐明。马克思深入研究资本主义社会，特别是研究资本主义的经济运动，揭示了资本主义生产方式的特点，论证了资本主义发展自我否定的趋势；揭示了生产社会化与生产资料资本主义私人占有之间的基本矛盾，论证了资本主义的历史暂时性；揭示了资本主义剥削的秘密与资本主义的非正义性，论证了工人阶级推翻旧世界、建设新世界的历史使命；揭示了工人阶级和资产阶级斗争的发展规律和趋势，论述了工人阶级解放斗争胜利的必然性。

社会主义运动的实践，特别是社会主义国家的兴起和不断发展，已经并正在用事实证明共产主义理想实现的必然性。从一定意义上讲，社会主义革命的胜利本身就是对共产主义理想可以实现的证明。当然，这种证明还是不完全的和尚未完成的，因为在革命胜利后建立起来的并不是共产主义社会，而是社会主义社会。但是，社会主义社会是共产主义社会的初级阶段，它与共产主义社会具有根本性质上的一致性。现实中的社会主义国家还在继续发展，这种发展持续的时间越长，取得的成就越大，就越能为共产主义高级阶段的到来创造更多更有利的条件，也提供更有力的实践证明。

其次，实现共产主义是人类最伟大的事业。

社会发展的规律是在人们的活动中形成的，是人们社会活动的规律，它的实现和发挥作用离不开人们的社会活动，特别是离不开人们自觉创造历史的活动。社会主义代替资本主义和最后实现共产主义的历史进程，离不开工人阶级及其政党能动性的发挥，离不开社会主义国家建设事业的推进，离不开世界社会主义运动的发展。可以说，在共产主义实现的历史必然性中就包含着无产阶级和广大人民群众对共产主义理想的追求。

实现共产主义理想是广大人民群众的共同愿望。在历史上，人民群众对美好生活和理想社会的向往和追求源远流长，总体上说是向往和追求一种没有剥削、没有压迫的理想社会。这种愿望来自人民群众的根本利益和需要，也来自他们对现实生活的感受。广大人民群众是社会的大多数，他们对理想社会的愿望和追求必然汇成改造社会的巨大力量。

实现共产主义，必须找到现实的阶级力量，这就是无产阶级。历史证明，以往的任何阶级都不可能实现消灭剥削和压迫的社会理想。随着人类历史进入资本主义社会，随着资本主义社会自身矛盾运动的发展和无产阶级的发展壮大，人类追求和实现美好理想社会的使命，历史地落在了无产阶级的身上。无产阶级是先进生产力的代表，深受资产阶级的剥削和压迫，为争取自身的解放进行了不懈的斗争。马克思主义的创立及其与工人运动的结合，特别是马克思主义政党的产生，使无产阶级有了科学的理论指导和坚强的领导核心，走上了实现自身历史使命的更加自觉的道路。

无产阶级的解放与全人类的解放是完全一致的。无产阶级特殊的社会地位和历史使命，决定了它只有解放全人类才能使自己最后得到彻底解放。恩格斯指出，现代被剥削被压迫的阶级即无产阶级，"如果不同时使整个社会一劳永逸地摆脱一切剥削、压迫以及阶级差别和阶级斗争，就不能使自己从进行剥削和统治的那个阶级（资产阶级）的奴役下解放出来"。因此，争取共产主义社会制度的最终实现，不仅是无产阶级彻底解放的标志，也是全人类得到解放的根本要求和体现。

最后，实现共产主义是长期的历史过程。

共产主义一定要实现，共产主义一定能够实现，但共产主义的实现是一个十分漫长而且充满艰难曲折的历史过程。从理论上讲，马克思主义所揭示的社会形态发展与更替的规律是一般的历史规律，是只有在漫长的历史过程中才能显现出来的规律性。"社会形态"是大跨度的历史概念，每一个社会形态的产生发展，都会经历一个很长的历史时期，而旧的社会形态走向没落并为新的社会形态所代替，也是一个长期的历史过程。实现共产主义必须经历许多历史阶段。资本主义从兴盛走向衰落和灭亡需要相当长的历史时期；从资本主义到社会主义有一个过渡时期，这是一个充满矛盾和斗争的复杂历史过程；共产主义社会的第一阶段即社会主义社会是一个长期的历史过程，特别是从不发达的社会主义到发达的社会主义，更有一个长期发展的过程；最后，从发达的社会主义向共产主义的转变和过渡，也需要一定的历史时期。当前，我国仍处于社会主义的初级阶段，实现共产主义的伟大理想，将是一个漫长且充满了曲折的历史过程。邓小平根据历史经验做出了深刻总结，他指出："我们搞社会主义才几十年，还处在初级阶段，需要一个长的历史阶段，巩固和发展社会主义制度，还需要我们几代人，十几代人，甚至几十代人坚持不懈地努力奋斗，决不能掉以轻心。"①

---

① 《邓小平文选》第3卷，人民出版社1993年版，第379-380页。

下篇 02 方法篇

思想政治理论课教学的主要任务在于对青年学生进行系统的马克思主义理论教育，帮助他们树立正确的世界观、人生观、价值观，提高运用马克思主义立场、观点、方法分析解决问题的能力。如果说，思想政治理论课教学要使青年学生能够完整准确地掌握马克思主义理论，使他们系统了解并掌握马克思主义理论所揭示的科学真理，是一种知识教育的话，那么，很显然，对青年学生进行的马克思主义方法论的教育就是一种能力教育。以马克思主义方法论为核心，紧密结合新时代，从马克思主义基本原理的高度来论证、理解、把握中国化马克思主义的科学性，真正做到用中国特色社会主义理论体系武装青年学生。

第一章　马克思主义基本原理的方法论功能及实现

一、马克思主义基本原理的方法论功能

恩格斯指出："马克思的整个世界观不是教义，而是方法。它提供的不是现成的教条，而是进一步研究的出发点和供这种研究使用的方法。"① 马克思主义基本原理作为关于自然、社会和人类思维发展一般规律的科学，是人们认识世界和改造世界的根本方法，更是青年学生认识世界和改造世界的理论武器。面对世界的深刻复杂变化和各种思潮的相互激荡，面对纷繁多变、鱼龙混杂、泥沙俱下的社会现象，面对学业、情感、职业选择等多方面的考量，学生要学会理性思考、善于分析、正确抉择。"树立正确的世界观、人生观、价值观。掌握了这把总钥匙，再来看社会万象、人生历程，一切是非、正误、主次，一切真假、善恶、美丑，自然就洞如观火、清澈

---

① 《马克思恩格斯全集》第 39 卷，人民出版社 1974 年版，第 406 页。

明了，自然就能作出正确判断、作出正确选择。"①

（一）马克思主义基本原理体现了客观辩证法与主观辩证法的统一

客观辩证法，即事物辩证发展的规律，是物质世界自身所固有的；主观辩证法，即人类所特有的辩证思维，是客观辩证法在人们思维中的反映，因而也是正确反映了客观实际的人类思维活动所固有的。马克思主义基本原理既包括客观辩证法也包括主观辩证法，体现了唯物主义、辩证法、认识论的统一。正如恩格斯所指出的，"所谓的客观辩证法是在整个自然界中起支配作用的，而所谓的主观辩证法，即辩证的思维，不过是在自然界中到处发生作用的、对立中的运动的反映"。主观辩证法是客观辩证法在人的思维中的反映，客观辩证法与主观辩证法在本质上是统一的，但在表现形式上却是不同的。客观辩证法采取外部必然性形式，不以人的意志为转移，是物质世界本身的联系和发展。主观辩证法则采取观念的、逻辑的形式，是同人类思维的自觉活动相联系的，是以概念为基础的辩证思维规律，是辩证法的科学体系。

（二）马克思主义基本原理是伟大的认识工具

首先，在马克思主义基本原理中，唯物辩证法是其核心内容。唯物辩证法按其本质来说，具有批判的、革命的精神。恩格斯指出，在唯物辩证法面前，"不存在任何最终的东西、绝对的东西、神圣的东西；它指出所有一切事物的暂时性；在它面前，除了生成和灭亡

---

① 习近平：《青年要自觉践行社会主义核心价值观——在北京大学师生座谈会上的讲话》，人民日报，2014年5月5日

的不断过程、无止境地由低级上升到高级的不断过程,什么都不存在。它本身就是这个过程在思维着的头脑中的反映"。① 正是基于这种批判的、革命的精神,唯物辩证法内在地具有解放思想、实事求是、与时俱进的根本要求;反对因循守旧、墨守成规,反对对一切已丧失生命力的事物采取妥协的态度,反对把自己的学说当成僵死的教条;坚持主观与客观的统一、理论与实践的统一、继承与创新的统一。唯物辩证法的一系列规律、范畴和原理,都具有科学的世界观和方法论意义。学习掌握唯物辩证法的根本方法,要求教师引导学生用联系和发展的观点看问题,不断增强辩证思维能力;要加强调查研究,准确把握客观实际,真正掌握规律,妥善应对和处理各种矛盾;要坚持实践第一的观点,在实践基础上不断推进理论创新。青年学生掌握这个认识工具,就可以在认识世界和改造世界中自觉遵循客观对象和思维发展的辩证规律,克服自发性,避免盲目性,变得更加聪明、智慧,少走弯路、多出成果;就能达于应事而变、顺势而为,做到高瞻远瞩、运筹帷幄。其次,矛盾分析方法是根本的认识方法。矛盾分析方法是对立统一规律在方法论上的体现,在马克思主义基本原理的方法论体系中居于核心的地位,是我们认识事物的根本方法。毛泽东指出:"辩证法的宇宙观,主要地就是教导人们要善于去观察和分析各种事物的矛盾的运动,并根据这种分析,指出解决矛盾的方法。"② 矛盾分析方法的重要作用,是由对立统一规律在唯物辩证法中的地位决定的。矛盾分析方法包含广泛而

---

① 恩格斯:《路德维希. 费尔巴哈和德国古典哲学的终结》,人民出版社 1997 年版,第 3 页。
② 《毛泽东选集》第 1 卷,人民出版社 1951 年版,第 292 页。

深刻的内容。例如,把握矛盾普遍性与特殊性相统一的方法,"两点论"与"重点论"相结合的方法,在对立中把握同一与在同一中把握对立的方法,批判与继承相统一的方法等,都是矛盾分析方法的具体体现。矛盾分析方法的核心要求是善于分析矛盾的特殊性,做到具体矛盾具体分析,具体情况具体分析。列宁指出:"马克思主义的活的灵魂:对具体情况作具体分析。"运用唯物辩证法的矛盾分析方法研究问题和解决问题,就要求学生强化问题意识,坚持具体问题具体分析,善于认识和化解矛盾。①

(三)马克思主义基本原理是确立科学思维方法的前提

运用马克思主义基本原理是帮助学生掌握科学思维方法,增强辩证思维、历史思维、战略思维和创新思维的前提。对于青年学生而言,培养和增强辩证思维,就要认真学习辩证唯物主义,全面、系统、准确地掌握联系和发展的基本观点、基本环节和基本规律,并将其体现和运用于思维活动的全过程当中;培养和增强历史思维,就要加强对中国历史、党史国史、社会主义发展史和世界历史的学习,深刻总结历史经验、把握历史规律、认清历史趋势,坚定中国特色社会主义方向,在对历史的深入思考中,不断提高我们的认识能力、精神境界和实践水平;培养和增强战略思维,就要求学生不断开阔视野、扩大胸襟,紧跟时代前进步伐,学会站在战略和全局的高度观察和处理问题,透过纷繁复杂的表面现象把握事物的本质和发展的内在规律,做到既抓住重点又统筹兼顾,既立足当前又放眼长远,既熟悉国情又把握世情,在原则性问题上坚定立场不动摇,

---

① 《列宁选集》第4卷,人民出版社1960年版,第290页。

在整体性、方向性抉择面前冷静观察；培养和增强创新思维，就要求要有敢为人先的锐气，打破迷信经验、迷信本本、迷信权威的惯性思维，摒弃不合时宜的旧观念，解放思想、与时俱进。

二、马克思主义基本原理方法论的内在要求

（一）践行马克思主义的科学性

马克思主义是科学的理论，创造性地揭示了人类社会发展规律。在马克思提出科学社会主义之前，空想社会主义者早已存在，他们怀着悲天悯人的情感，对理想社会有很多美好的设想，但由于没有揭示社会发展规律，没有找到实现理想的有效途径，因而也就难以真正对社会发展发生作用。马克思创建了唯物史观和剩余价值学说，揭示了人类社会发展的一般规律，揭示了资本主义运行的特殊规律，为人类指明了从必然王国向自由王国飞跃的途径，为人民指明了实现自由和解放的道路。

今天，践行马克思主义的科学性，首先在于汲取马克思主义的科学智慧。要着力提升运用马克思主义立场观点方法分析问题、解决问题的能力。要学会运用马克思主义分析与解决问题的科学方法。马克思主义立场观点方法是马克思主义科学思想体系的精髓所在。恩格斯指出："马克思的整个世界观不是教义，而是方法。它提供的不是现成的教条，而是进一步研究的出发点和供这种研究使用的方法。"只有认真学习掌握马克思主义立场观点方法，才能从根本上提高理论素养，增强认识世界和改造世界的能力，切实把各项工作做好。马克思主义矛盾观强调，要一分为二看问题，具体问题具体分析，抓住重点和主流，坚持两点论和重点论的统一。我们要把握好实现高质量发展和加快赶超发展的关系，把两者有机统一起来，促进产业转型升级，发展实体经济，推动质量变革、效率变革、动力变革；要把握好抓面上改革和抓重点改革的关系，扎实推进重要领域和关键环节的改革。当前，要按照党中央部署，抓好党和国家机构改革；要把握好全面建成小康社会与打赢脱贫攻坚战的关系，补齐扶贫开发这块短板，加大力度、精准施策，确保全面小康路上一个都不少、一个都不掉队。

  其次，践行马克思主义的科学性，在于坚持习近平新时代中国特色社会主义思想。习近平新时代中国特色社会主义思想是党的十八大以来以习近平同志为核心的党中央，坚持马克思列宁主义、毛泽东思想、邓小平理论、"三个代表"重要思想、科学发展观为指导，坚持解放思想、实事求是、与时俱进、求真务实，坚持辩证唯物主义和历史唯物主义，紧密结合新的时代条件和实践要求，以全新的视野深化对共产党执政规律、社会主义建设规律、人类社会发展规律的认识，是对马克思主义的继承和发展，是马克思主义中国化最新成果。习近平新时代中国特色社会主义思想不仅是中国共产党和中国人民实践经验和集体智慧的结晶，也是马克思主义基本原理同当代中国具体实际相结合的产物，充分体现了马克思主义与时俱进的理论品格。当前，我们践行马克思主义的科学性、学习和研究马克思主义的科学性，就是要牢牢把握马克思主义的真理力量，坚定马克思主义信仰，把坚持和发展马克思主义与深入学习贯彻习近平新时代的中国特色社会主义思想一体认识，整体把握，不断深化理论研究，推进理论创新。

(二) 践行马克思主义的人民性

马克思主义是人民的理论,第一次创立了人民实现自身解放的思想体系。马克思主义博大精深,归根到底就是一句话,为人类求解放。在马克思主义之前,社会上占统治地位的理论都是为统治阶级服务的。马克思主义第一次站在人民的立场探求人类自由解放的道路,以科学的理论为最终建立一个没有压迫、没有剥削、人人平等、人人自由的理想社会指明了方向。马克思主义之所以具有跨越国度、跨越时代的影响力,就是因为它植根人民之中,指明了依靠人民推动历史前进的人间正道。

今天,践行马克思主义的人民性,首先要努力彰显马克思主义的人民性。唯物史观不仅从社会基本矛盾运动这一客体的角度揭示了社会历史发展的动力,而且从主体的角度回答了人民群众在社会历史发展中的作用。推动历史发展的主体和客体因素统一于社会实践活动中,人民群众创历史的作用是同社会基本矛盾运动推社会前进的过程相一致的。在社会矛盾的解决过程中,一方面,人民群众是顺应生产力发展要求、主张变革旧的生产关系、旧的社会制度和旧的思想观念的社会力量,人民群众的总体意愿和行动代表了历史发展的方向;另一方面,人民群众是社会物质财富、社会精神财富的创造者,其社会实践最终决定着历史发展的结局。因此,努力彰显马克思主义的人民性,就是开展各项工作时,要把人民立场作为政治前提,把人民利益作为价值追求,把人民标准作为成效依据,实现为人民服务根本宗旨与实践行为的统一。

其次,践行马克思主义的人民性,要站稳人民立场。人民立场是马克思主义的根本立场,体现着马克思主义的价值取向。我们信仰马克思主义，矢志为共产主义而奋斗，说到底，就是为了最广大人民群众的利益而奋斗。习近平在2017年"7·26"重要讲话中强调，"我们要牢牢把握我国发展的阶段性特征，牢牢把握人民群众对美好生活的向往，提出新的思路、新的战略、新的举措"。人民立场不是口头喊出来的，必须源于深厚的群众感情，是一种发自内心的情感自觉。在任何时候任何情况下，与人民同呼吸共命运的立场不能变，全心全意为人民服务的宗旨不能忘，群众是真正英雄的历史唯物主义观点不能丢。在任何时候任何情况下，与人民同呼吸共命运的立场不能变，全心全意为人民服务的宗旨不能忘，群众是真正英雄的历史唯物主义观点不能丢。新时代的有志青年要自觉融入群众的奋斗，坚持从最大多数人的长远利益出发思考问题、做出判断，始终关注和关心身边群众的安危冷暖，将心比心、以心换心，防止变成"精致的利己主义者"，永远和最大多数人民群众在一起。

（三）践行马克思主义的实践性

马克思主义是实践的理论，指引着人民改造世界的行动。马克思主义的本质特征就是它的实践性，这体现为马克思主义从实践中产生，在实践中发展，以改变现实世界的实践为目的。马克思说，"全部社会生活在本质上是实践的"，"哲学家们只是用不同的方式解释世界，问题在于改变世界"。实践的观点、生活的观点是马克思主义认识论的基本观点，实践性是马克思主义理论区别于其他理论的显著特征。马克思主义不是书斋里的学问，而是为了改变人民历史命运而创立的，是在人民求解放的实践中形成的，也是在人民求解放的实践中丰富和发展的，为人民认识世界、改造世界提供了强大精神力量。

今天，践行马克思主义的实践性，首先在于着力运用马克思主义的实践观，对中国特色社会主义建设提供有力的理论支持。从新民主主义革命实践中产生的毛泽东思想和社会主义建设和改革实践中产生的中国特色社会主义理论体系，都是几代中国共产党人领导人民在长期探索中国发展道路上不断实践、不断总结、不断创新的理论成果和经验概括，是中华民族伟大复兴之路的历史性抉择。随着改革开放进程的加快，共产党立足于国际与实际，对实践予以重视，不加争论，遵循尝试性实践原则，摸着石头过河。共产党以人民的伟大实践为基础，集成了全党全国人民的智慧，开拓强国富民的途径，健全科学化的理论体系，形成了邓小平理论及"三个代表"思想与科学发展观与习近平新时代中国特色社会主义思想等。中国共产党在实践的过程中，需要诠释与解答如下重大历史性命题：社会主义的定义是什么，建设社会主义的途径；建设怎样的党与如何建设党；发展的程度与样式等。坚持和发展什么样的中国特色社会主义怎样坚持和发展中国特色社会主义坚持实践出真知的理念，通过实践对真理予以检验与发展，实现"由实践至认识再到再实践，至再认识"的良性循环，坚持马克思主义认识路线，即来源于群众，回归于群众，放下包袱并解放思想，提升对理论体系的创新水平，中国共产党取得了丰硕的理论体系成果，涵盖社会主义初级阶段理论与市场经济理论以及社会主义民主政治理论与治国理论思想，加快了科学发展的进程，构建了和谐而稳定的社会局面，推进了国家治理体系和治理能力现代化。系列创新的理论成果均存在深厚的实践基础，不仅深化了来自实践的思想，而且使中国特色的社会主义事业在中国取得了辉煌的成就。这证明了马克思主义基本原理实践性的正确性与科学化。现阶段国际形势风云变幻莫测，国内经济环境错综而复杂，在社会发展的过程中出现诸多新情况，新矛盾与问题层出不穷。我们应该继续践行马克思主义的实践性，发挥马克思主义的最新理论成果的导向作用，在实践的过程中不断地探索，提升创新水平，制定相应的策略措施，与实际相符，建设具有中国特色的社会主义。

其次，着力运用马克思主义的实践观，指导人们解决人类社会发展面临的重大问题。

新时代，国家经济社会得到快速的发展，取得举世瞩目的成就，然而发展之路是布满荆棘的，同时充满矛盾与冲突。第一，伴随着经济的发展，人与社会及人与自身需面临的矛盾。诸如贫富不均，恐怖主义等。第二，人与自然需面临的冲突发展过程中遇到的问题和矛盾。诸如环境污染，破坏生态环境，资源枯竭等。发挥马克思主义实践观的导向作用，能够充分地解决矛盾与冲突。能够全方位地推动人类的自由而全面的发展。如现阶段人类。通过实践，创造出诸如手机、电脑等科技产品，其产生与发展旨在为人类提供服务，然而大多数人使用不合理，使高科技产品成为异化产品，产生异化的力量，公众不能掌握或驾驭自身创造的物品，对其产生了依赖之情，导致实践的产物成为压抑人个性与虚掷时间的物品。因此人类要全方位地实现自由而全面的发展，要以实践为基础，提高生产力水平，构建先进的生产关系。要充分提升生产力水平，构建高度和谐稳定的社会关系，从而协调发展人的思想与道德素质与文化素质及心理与身体素质等，从而实现人类的自由发展目标。以上成果均需得到属人的实践的强有力的支撑，以处理人和自然关系的实践为基础,以处理人与社会关系的实践为主体、以处理人与自身关系的实践为主线。

(四) 践行马克思主义的开放性

马克思主义是不断发展的开放的理论,始终站在时代前沿。马克思一再告诫人们,马克思主义理论不是教条,而是行动指南,必须随着实践的变化而发展。一部马克思主义发展史就是马克思、恩格斯以及他们的后继者们不断根据时代、实践、认识发展而发展的历史,是不断吸收人类历史上一切优秀思想文化成果丰富自己的历史。马克思主义具有与时俱进的理论品质,它不断吸取人类最新的文明成果来充实和发展自己。随着时代、实践和科学的发展而不断发展。马克思主义在指导人们认识世界和改造世界的过程中,在指导社会主义事业发展的过程中,不断与时代特征和各国具体实际相结合,得到丰富和发展,并形成新的理论成果。马克思主义在指导中国革命、建设、改革的过程中,形成了一系列马克思主义中国化理论成果,鲜明地体现了马克思主义创新发展的品格。当今世界和我们所处的新时代,同过去相比发生了深刻的变化。无论从国际还是从国内看,我们都面临着许多新情况新问题,需要从理论和实践上做出回答并加以解决,为此必须坚持与时俱进,继续丰富和发展马克思主义。我们既要坚持马克思主义基本原理,又要谱写新的理论篇章;既要发扬优良传统,又要创造新鲜经验,善于在解放思想中统一思想,用发展的马克思主义指导新的实践。实践证明,马克思主义的命运早已同中国共产党的命运、中国人民的命运、中华民族的命运紧紧连在一起,它的开放性和时代性在中国得到了充分彰显!

今天，践行马克思主义的开放性，首先要确立马克思主义理论本身是开放的和发展的理论体系。作为科学的思想理论体系马克思主义是在吸收和改造几千年来人类思想和文化发展中一切有价值的成果而形成的，因而它是开放的体系。列宁说"马克思主义同宗派主义毫无相似之处，它绝不是离开世界文明发展大道而产生的一种故步自封、僵化不变的学说"，恰恰相反，马克思的学说的产生"正是哲学、政治经济学和社会主义及伟大的代表人物的学说的直接继续"，他"回答了人类先进思想已经提出的种种问题"。与此同时，马克思主义又不是一种一成不变和神圣不可侵犯的东西，列宁指出，"恰恰相反，我们深信：它只是给一种科学奠定了基础"。因而，随着人类对自然、社会历史和人的思维本身的认识日益深化，并且在新的探索中提出种种新的学说、新的思想、新的理论、新的观念的时候，马克思主义就必然要在研究这些新变化、新思潮和吸收与借鉴人类社会创造的一切文明成果中，把这门科学推向前进。马克思主义一问世，就同无产阶级和劳动人民争取自身解放的斗争结合在一起。1917年列宁领导的俄国"十月革命"的胜利，使社会主义从理论变为现实。同时，列宁又丰富和发展了马克思主义的内涵，在俄国创立了"列宁主义"。在"十月革命"的影响下，先后建立了一批社会主义国家，而马克思列宁主义也在实践中不断发展着自己。在中国，以毛泽东和邓小平、习近平等为代表的中国共产党人把马克思主义和中国的具体实践相结合，创立了毛泽东思想和中国特色社会主义理论体系。这本身就说明马克思主义理论是开放的理论体系。

其次，要坚持与时俱进，不断以鲜活的理论与实践发展马克思主义。要善于把握客观实际的变化，不断总结实践的新经验，借鉴当代人类文明的有益成果，在理论上不断扩展新视野，做出新概括，我们只有站在时代的前列，立足于新的实践，把握时代特点，认真研究探索并解决现实中的重大问题，以马克思主义的世界观和方法论为指导，才能使我们的思想和理论充分反映时代的进步和实践发展的要求，体现时代特点和时代精神。同时不断认识和探索人类社会发展的基本规律、中国特色社会主义建设的规律和执政党建设的规律，为我们的实际工作提供指导，勇于开拓进取，坚持理论创新，才能真正体现马克思主义的开放性，才能真正做到与时俱进。党的十八大以来，以习近平为主要代表的中国共产党人，在建设中国特色的社会主义的实践中，形成了习近平新时代中国特色社会主义思想。在习近平新时代中国特色社会主义思想的指导下，我们党领导全国各族人民，在现代化建设实践中不断取得新的成就，开始了在我国全面建成小康社会、加快推进社会主义现代化强国的新时代。

三、马克思主义基本原理方法论的课程运用

高校思想政治理论课程体系主要由《思想道德修养与法律基础》、《中国近现代史纲要》、《马克思主义基本原理概论》、《毛泽东思想和中国特色社会主义理论体系概论》四门主干课程构成。思想政治理论课教师要主动在不同课程教学中引导学生运用唯物辩证法，以科学的马克思主义方法论为指导，正确认识和分析社会现实问题。

(一）马克思主义基本原理在《毛泽东思想和中国特色社会主义理论体系概论》中的运用

《毛泽东思想和中国特色社会主义理论体系概论》课程的教学内容是马克思主义普遍原理同中国不同时期社会实际相结合产生的理论成果，这些理论成果是党和人民群众集体智慧的结晶，对我国伟大事业建设具有重要的指导作用。通过《毛泽东思想和中国特色社会主义理论体系概论》课教学，可以帮助大学生系统掌握马克思主义中国化的理论知识，培养大学生自觉运用马克思主义指导实践，分析和解决实际问题，引导大学生用唯物辩证法分析社会发展中的复杂问题，深层次的理解国家发展的战略布局，培养大学生对祖国发展的自信心和爱国情怀。首先，教师要在课本"前言"中注重引导大学生了解马克思主义中国化的内涵和历史发展，理解马克思主义中国化的几个重大理论成果是对马克思主义理论的继承发展与创新，认识各理论成果之间的内在联系，培养大学生看待事物要有联系的观点和发展的眼光。首先，在第一部分的"毛泽东思想"讲解中，要讲出毛泽东思想辩证思维的光芒。以"新民主主义革命的三大法宝"为例具体分析，党建立、巩固和发展统一战线是立足于当时中国政治经济发展的不平衡性实际，具体分析社会的阶级状况，坚持独立自主，从大局出发，采取区别对待的方针而结成统一战线；武装斗争是中国革命的优点之一，在总结历史经验教训的基础上建立一支人民军队；党组织要发挥英勇战士的作用，就必须不断结合实际加强党的建设。统一战线、武装斗争和党的建设三者相统一于新民主主义革命，这具体呈现出辩证思维的方法。毛泽东同志是伟大的思想家，也是运用辩证思维研究问题和解决问题的典型人物。

毛泽东的《论十大关系》《论持久战》《矛盾论》等作品中处处都能见到辩证思维的光辉。其次，在教材第二部分的教学内容中，实事求是的思想，党的思想路线，解放思想和与时俱进等思想观点都是马克思主义基本原理的具体呈现，充满着辩证思维。邓小平是唯物辩证法大师，邓小平理论蕴涵深刻的辩证思维，"尊重生活和历史的辩证法"是他的思想特色。① 再次，教材第三部分"习近平新时代中国特色社会主义思想"教学内容，其中关于我国社会主要矛盾变化的表述可以看出，现代中国社会普遍存在矛盾，在经济、政治、文化和社会生活多方面存在着种种矛盾，抓住人民日益增长的美好生活需要同不平衡不充分的发展相矛盾的主要社会矛盾，才能集中主要力量解决主要的矛盾问题，这是应用马克思主义基本原理的具体指导实际问题的解决。我国要全面建设中国特色社会主义经济、政治、文化、生态和社会，全方位立体的建设中国特色社会主义事业，这里体现了立足全局，统筹兼顾的辩证思维观点。习近平的治国理政思想体现出丰富的辩证思维，教师要引导大学生学习和把握习近平系列讲话中的唯物辩证法，让大学生充分领略马克思主义基本原理的方法论魅力。

（二）马克思主义基本原理在《思想道德修养与法律基础》中的运用

《思想道德修养与法律基础》课程在教材的绪论部分指出，大学生们处在承前启后的中国特色社会主义新时代，思想政治理论课教师要引导学生用发展的眼光看待事物，明确事物发展的阶段，明确

---

① 《邓小平文选》第3卷，人民出版社1993年版，第6页。

当前所处的历史方位。新的时代，青年学生肩负着历史重任，同时他们的发展前景又空前光明，青年学生应该富有求新求变的锐气，勇于面对挫折，始终保持积极向前的精神状态，做新时代的开创者。《思想道德修养与法律基础》教材第二章"坚定理想信念"的教学内容，教师则要教育和指导学生辩证看待理想与现实的矛盾。理想和现实有很大的距离，正确认识实现人生理想要在当下现实中不断努力，要努力创造把理想可以转化成未来的现实条件。引导青年学生认识到树立理想信念，追求理想的路上无论是顺境还是逆境，对人生的作用都是双重的。以此来帮助学生用对立统一的观点看待问题，用辩证思维的智慧思考人生境遇，学会在顺境中居安思危，在逆境中不放弃希望。此外，《思想道德修养与法律基础》中相关的教学内容体现出鲜明的马克思主义联系观。如第五章"明大德、守公德、严私德"中，关于正确处理个人与集体、竞争与合作、权利与义务、自由与纪律、友谊与爱情、学习与工作等关系方面的教学内容处处体现着辩证思维的智慧，教师要积极挖掘教学内容中的唯物辩证法，让马克思主义基本原理教育更加贴近学生实际生活，使学生把握唯物辩证法的实质，主动把唯物辩证法运用于解决实际问题。

（三）马克思主义基本原理在《马克思主义基本原理概论》中的运用

《马克思主义基本原理概论》课程是帮助学生掌握马克思主义世界观与方法论的基础课程。《马克思主义基本原理概论》课旨在深入开展马克思主义立场、观点、方法教育，帮助学生从总体上理解和把握马克思主义的基本理论知识，运用为培养和发展学生辩证思维能力奠定理论基础。思想政治理论课教师要在《马克思主义基本原理概论》课教学中,通过对唯物辩证法的两个基本观点、三大基本规律、四大基本方法、五对基本范畴的讲解,通过辩证唯物主义和历史唯物主义原理的分析,改进教学方法,在教学过程中探索马克思主义基本原理的方法论的有效运用,帮助青年学生确立科学的思维方法,掌握认识世界的规律。

(四)唯物辩证法在《中国近现代史纲要》中的运用

《中国近现代史纲要》课程所体现的中国社会矛盾的演变与作用体现了鲜明的辩证的矛盾观。纵观中国近现代社会历史发展轨迹,社会各种矛盾突出。近代中国社会的两对主要矛盾是帝国主义和中华民族的矛盾,封建主义和人民大众的矛盾。这两对主要矛盾在社会发展过程中交替作用,从而推动我国近代社会不断发展。新中国成立,社会主要矛盾是阶级矛盾;到现代的中国社会主义制度建成,社会主要矛盾是生产力与生产关系的矛盾;新时代中国社会的主要矛盾是人民日益增长的美好生活需要同不平衡不充分的发展之间的矛盾。通过讲解,教师要让学生认识到"不断出现矛盾,不断解决矛盾,就是事物发展的辩证规律"。① 此外,思想政治理论课教师要通过《中国近现代史纲要》课的教学,正确引导青年学生对中国近现代历史进程、事件和历史人物的分析,提高学生运用马克思主义的唯物史观分析和评价历史问题、辨别历史是非的能力。

---

① 《毛泽东文集》第 7 卷,人民出版社 1999 年版,第 216 页。

第二章　马克思主义的人生观

一、马克思主义人生观的主要内容

人的生命历程不同于其他动物的生命过程，人不仅要维系自身的生存和繁衍，还要生产、交往、创造，在极为丰富的社会生活中观察、思索、判别和选择。人生观就是人们关于人生目的、人生态度、人生价值等问题的总观点和总看法。

思考人生，树立正确的人生观，首先需要对"人是什么"和"人的本质是什么"等问题有科学的认识。

人类来源于自然界，和自然界的其他生物一样，也要进行新陈代谢、繁衍后代，经历生老病死的自然过程。但是，人的生命活动不同于动物的生命活动，人是以劳动求得生存和发展。人类在脱离动物状态而转变为人的过程中，劳动发挥了决定性的作用。人的实践活动是有意识的，正如马克思所指出的："虽然蜜蜂建筑蜂房使人间的许多建筑师感到惭愧。但是它在本质上还是一种本能活动。相反，即使是最蹩脚的建筑师也比最灵巧的蜜蜂高明，因为他在实践前已经在自己的头脑中把它建成了。"① 人能够对自己的存在和活动的内容、方式有所"观",并且根据一定的"观"做出选择、采取行动。

人对自身的认识,既是一个古老的问题,又是一个常新的问题。在中外思想史上,许多思想家对此曾从不同的角度提出过自己的见解,其中不乏真知灼见,为科学揭示人的本质提供了大量的思想资料。对人的认识,核心在于认识人的本质。马克思运用辩证唯物主义和历史唯物主义的立场观点方法,揭开了人的本质之谜。他指出:"人的本质不是单个人所固有的抽象物,在其现实性上,它是一切社会关系的总和。"② 这一论断,在人类历史上第一次科学说明了人的本质,为人们认识人生、形成正确的人生观提供了科学的方法论。

二、确立马克思主义人生观的必要性

任何人都是处在一定的社会关系中从事社会实践活动的人。社会属性是人的本质属性。每一个人从来到人世的那天起,就从属于一定的社会群体,同周围的人发生各种各样的社会关系,如家庭关系、地缘关系、业缘关系、经济关系、政治关系、法律关系、道德关系等。人的社会关系的总和决定了人的本质。人们正是在这种客观的、不断变化的社会关系中塑造自我,成为真正现实的、具有个性特征的人。因此,认识人的本质,只能立足于具体的、历史的社会关系中从事社会实践的人,而不能从抽象的人性论出发,更不能

---

① 《马克思恩格斯文集》第 5 卷,人民出版社 2009 年版,第 208 页。
② 《马克思恩格斯文集》第 1 卷,人民出版社 2009 年版,第 505 页。

依靠神的启示。正是在一定的社会历史条件下,人们面对各种各样的境遇,在客观的不断变化的社会关系中实践人生,通过现实的生活逐渐地感悟人生,形成了相应的人生观。

三、坚持马克思主义的人生观,砥砺奋进

树立正确的幸福观。幸福都是奋斗出来的。"奋斗本身就是一种幸福。只有奋斗的人生才称得上幸福的人生。"① 奋斗者是精神最为富足的人,也是最懂得幸福、最享受幸福的人。什么是人生的真正幸福,追求什么样的幸福,通过什么样的方式实现幸福,是青年学生应该认真思考的人生课题。首先,幸福是一个总体性范畴,它意味着人总体上生活得美好,家庭和睦、职业成功、行为正当、人格完善等都是幸福的重要因素。幸福总是相对的,不是尽善尽美的,不同的人有不同的幸福标准。追求幸福的过程就是不满足于现状、不断追求和创造更美好生活的过程。幸福不是毛毛雨,幸福不是免费午餐,幸福不会从天而降,幸福都是努力奋斗的结果。人世间的一切幸福都需要靠辛勤的劳动来创造。其次,实现幸福离不开一定的物质条件,物质需要的满足、物质生活的富足是幸福的重要方面,但人的幸福不能仅仅局限于物质方面,精神需要的满足、精神生活的充实也是幸福的重要方面。在追求物质生活水平提高的同时,要更加注重追求德行和人格的高尚,注重追求健康向上的精神生活。再次,在追求幸福的过程中,我们不能把自己的幸福建立在损害社

---

① 《奋斗是幸福的》,载《人民日报》,2018年2月5日第一版。

会整体和他人利益的基础上。相反，只有在为社会做贡献、为他人服务的过程中，我们才能获得幸福所需要的环境和条件，产生更大的幸福感，实现个人幸福与社会进步的相互促进。

树立正确的得失观。如何认识和对待人生发展过程中的得与失这对矛盾，对一个人走好人生之路、实现人生价值有重要影响。青年学生要以积极进取的态度去面对生活中的成败得失，使一时的成败得失成为人生的财富而不是人生的包袱。首先，不要拘泥于个人利益的得失。个人利益的得失只能部分地衡量人生价值的大小，在奉献社会中才能实现更大的人生价值。只有追求高尚的道义，跳出对狭隘利益的计较，才能赢得他人和社会的尊重。其次，不要满足于一时的得。一个人如果总是满足于一时的得，往往会停步在小小的成功和已有的成绩之上，放弃接下来的努力，以致造成最后的失败。历史上无数成败、得失的事例都诠释了这条人生道理。生活从不眷顾因循守旧、满足现状者，从不等待不思进取、坐享其成者，而是将更多机遇留给善于和勇于创新创造的人们。再次，不要惧怕一时的失。正所谓"吃一堑，长一智"，"塞翁失马，焉知非福"，得到的不一定是好事，失去了也不一定是坏事。在失意之际坚持不懈，在坎坷之时不断努力，这样的人生才能更有意义。

树立正确的苦乐观。苦与乐既对立又统一，又在一定条件下可以相互转化。毛泽东在《七律·长征》一诗中，用"红军不怕远征难，万水千山只等闲"，形象地写出了红军长征的艰苦卓绝，用"更喜岷山千里雪，三军过后尽开颜"的豪迈诗句，生动描述了红军夺取胜利的喜悦心情，阐明了苦与乐的辩证统一关系。"宝剑锋从磨砺出，梅花香自苦寒来"，奋斗是艰辛的，艰难困苦、玉汝于成。真正的快乐只能由奋斗的艰苦转化而来。不经历风雨怎能见彩虹，不经历人生的苦难，怎能享受到人生的乐趣？青年学生在成长过程中，要准确把握苦与乐的辩证关系，努力做迎难而上、艰苦奋斗的开拓者。

树立正确的顺逆观。顺境和逆境是人生历程中两种不同的境遇。在顺境中前进，如同顺水行舟，天时、地利、人和等有利因素，使人们更容易接近和实现目标。但是，顺境中的宽松气氛、优越条件，又容易使人滋生骄娇二气，自满自足，意志衰退。在逆境中奋斗，犹如逆水行舟，不进则退，需要付出更大的努力和更多的艰辛才可能成功。在逆境中奋斗，会有顺境中难以得到的获得感和成就感。逆境的恶劣环境，对于挑战者而言，可以磨炼意志、陶冶品格、积累战胜困难的经验、丰富人生阅历。顺势而快上，乘风而勇进，这是身处顺境的学问，是善于抓住机遇不断丰富与完善自己的途径；处低谷而力争，受磨难而奋进，这是身处逆境的学问，是将压力变成动力之所为。在人生旅途中没有永远的顺境，也没有永远的逆境。因此，无论是顺境还是逆境，对人生的作用都是双重的，关键是怎样去认识和对待它们。只有善于利用顺境，勇于正视逆境和战胜逆境，人生价值才能够实现。

树立正确的生死观。生命的历程是一个从生到死的过程，有生必有死，这是恒常不变的自然现象。生与死是贯穿人生始终的一对基本矛盾。从一定意义上说，正是因为生命短促，每个人只有一次生命，才更显示了人生的弥足珍贵。如何认识、对待生与死，体现了一个人人生境界的高低，更直接影响着他的实际生活。青年学生要牢固树立生命可贵的意识，倍加爱护自己和他人的生命，理性面对生老病死的自然规律，努力使自己的生命绽放人生应有的光彩。

同时，孔子谓"杀身成仁"，孟子曰"舍生取义"，司马迁认为"人固有一死，或重于泰山，或轻于鸿毛"，这些千古名句说明，人的生命是有限的，而生命的价值却是无限的。我们无法增加生命的长度，但却能追求生命应有的高度。青年学生应珍惜韶华，在服务人民、投身民族复兴伟大事业中开发出生命所蕴藏的巨大潜能，努力给有限的个体生命赋予更有价值的意义。

树立正确的荣辱观。荣辱是一对基本道德范畴，"荣"即荣誉，是指社会对个人履行社会义务所给予的褒扬与赞许，以及个人所产生的自我肯定性心理体验；"辱"即耻辱，是指社会对个人不履行社会义务所给予的贬斥与谴责，以及个人所产生的自我否定性心理体验。荣辱观是人们对荣辱问题的根本看法和态度，是一定社会思想道德原则和规范的体现和表达。中国古人向来注重荣与辱，并通过"知耻"来进行道德评价和判断。孔子提出"知耻近乎勇"，孟子认为"无羞恶之心，非人也"，管仲提出"礼义廉耻，国之四维"，把知耻之心与人的文明程度、社会的治乱安危紧密联系在一起。荣辱观对个人的思想行为具有鲜明的动力、导向和调节作用。青年学生只有具备正确的荣辱观，明确是非、对错、善恶、美丑的界限，坚持以热爱祖国为荣、以危害祖国为耻，以服务人民为荣、以背离人民为耻，以崇尚科学为荣、以愚昧无知为耻，以辛勤劳动为荣、以好逸恶劳为耻，以团结互助为荣、以损人利己为耻，以诚实守信为荣、以见利忘义为耻，以遵纪守法为荣、以违法乱纪为耻，以艰苦奋斗为荣、以骄奢淫逸为耻，才会在纷繁复杂的社会生活中明确应当坚持和提倡什么，反对和抵制什么，从而为自身判断行为得失，做出道德选择，确定价值取向，提供基本的价值准则和行为规范。

第三章　马克思主义的世界观

一、马克思主义世界观的主要内容

我们置身其中的世界森罗万象、多姿多彩。从宇宙星体的运行，到地球物种的演化，再到人类社会的发展，以及人类文化的创造，无一不呈现出复杂的样态，体现着世界的多样性。人们不禁会去思考和追问"世界是什么""世界从哪里来""世界与人是什么关系"等问题。这些问题其实就是世界观问题，对这些问题的解答，决定性地影响着人们的人生观和价值观。马克思主义的科学世界观揭示了世界的本质及发展规律，为我们提供了认识世界和改造世界的科学方法论，为我们确立科学的人生观和价值观奠定了坚实的基础。

人活在世界上，需要对世界有一个总体的看法和把握，这就是人的世界观问题。而马克思主义基本原理是系统化、理论化的世界观，是对自然知识、社会知识和思维知识的概括和总结，它提供了对于世界以及人与世界关系的全面而深刻的思考。因此，只有树立正确的马克思主义世界观，才能树立正确的理想信念。以人才培养为突破口，努力提高本民族的科学文化素质，培植和发展知识和科技创新能力，是实现中华民族伟大复兴的关键所在。这一历史使命决定了对青年学生进行马克思主义世界观教育的极端重要性。

世界观是人们对于世界的总的看法和根本观点，是人们对自然、社会和人生问题的系统的观念体系的总和，是人们的一种意识倾向和对社会生活的一定态度，即把世界观看成自觉意识层面上的、能够表达出来的关于世界以及人与世界相互关系的思想、概念和信念及其体系。

二、确立马克思主义世界观的必要性

以马克思主义的发展观为指导，促进学生的全面发展，是青年学生世界观教育的理性抉择。青年学生世界观在主流上是积极、健康、向上的，但是，也要清醒地看到，青年学生世界观教育既面临有利条件，也面临严峻挑战。经济成分多样化，经济利益差别化，竞争日益激烈，学习压力、就业压力等普遍增大，使青年学生在环境适应、学习成才、理想现实、人际交往和求职择业等方面反映出的心理困惑和问题日益突出。由于年龄、环境的局限和抽象概括能力特别是辩证思维的不成熟，青年学生的阅历较浅，知识经验不精深、系统性不强，对事物的认识和概括往往受具体生活环境影响，容易为事物的表面现象所迷惑，观点体系尚不够严密，论证往往还欠充分和准确，难免带有一定的片面性。确立马克思主义世界观，能帮助学生用科学、理性的眼光把握机遇，把握人生，正确选择自己的位置和发展道路，更好地施展自己的才华、实现自己的抱负。

（一）世界是物质的

世界是物质的世界，对物质的正确理解是我们认识和把握世界本质和规律的前提。马克思批判了旧唯物主义对物质世界的直观、消极的理解，强调要从能动的实践出发去把握客观世界的意义。恩格斯总结了19世纪哲学和自然科学的发展成果，对物质概念做了初步概括，"物、物质无非是各种物的总和，而这个概念就是从这一总和中抽象出来的"①。20世纪初，列宁对物质概念作了全面的科学的规定："物质是标志客观实在的哲学范畴，这种客观实在是人通过感觉感知的，它不依赖于我们的感觉而存在，为我们的感觉所复写、摄影、反映。"②列宁的这一界定继承和汲取了以往唯物主义理解物质存在和物质概念的合理内容，实现了物质定义的科学化。马克思主义的物质范畴从客观存在着的物质世界中抽象出了万事万物的共同特性——客观实在性。物质的根本属性是运动。恩格斯说："运动，就它被理解为物质的存在方式、物质的固有属性这一最一般的意义来说，涵盖宇宙中发生的一切变化和过程，从单纯的位置变动直到思维。"③时间和空间是物质运动的存在形式。

（二）世界的物质统一性

马克思主义认为，物质是世界的本原，世界统一于物质。世界的物质统一性首先体现在，意识统一于物质。从意识的起源上看，意识是物质世界长期发展的产物，是物质世界中的一种特殊存在；从意识的本质上看，意识是人脑这种特殊的物质器官的机能，是客

---

① 《马克思恩格斯文集》第9卷，人民出版社2009年版，第500页。
② 《列宁专题文集论辩证唯物主义和历史唯物主义》，人民出版社2009年版，第35页。
③ 《马克思恩格斯文集》第9卷，人民出版社2009年版，第513页。

观存在的主观映像；从意识的作用上看，意识能动性的发挥必须以尊重物质世界的客观规律为前提。因此，意识统一于物质，在统一的物质世界之外，没有任何非物质的存在或非物质的活动。

世界的物质统一性还体现在，人类社会也统一于物质。人类社会是否具有物质性，是在马克思主义产生之前长期没有得到正确解决的问题。马克思主义以前的旧唯物主义在自然观上是唯物主义的，但在社会历史领域中，旧唯物主义不理解人的实践活动本身是一种客观存在，不理解物质生产实践在社会生活中的地位和作用，而是把历史过程看成是人的主观意志的产物，因而得出社会意识决定社会存在的错误结论，成了不彻底的"半截子"唯物主义。马克思主义将唯物主义真正贯彻到社会历史领域，认为物质资料生产方式是人类社会存在和发展的基础，实践性是社会生活的本质，人类社会统一于物质。

三、坚持马克思主义的世界观，实事求是

恩格斯指出："马克思的整个世界观不是教义，而是方法。它提供的不是现成的教条，而是进一步研究的出发点和供这种研究使用的方法。"①

世界的物质统一性原理是马克思主义的基石，有助于我们树立唯物主义科学世界观，为我们进一步确立正确的人生观和价值观奠定坚实的基础；同时，也有助于我们确立正确的思想路线和思想方

---

① 《马克思恩格斯文集》第 10 卷，人民出版社 2009 年版，第 691 页。

法，在认识世界和改造世界的过程中，坚持实事求是，一切从实际出发。一切从实际出发，是世界的物质统一性原理在现实生活中和实际工作中的生动体现，是在坚持和发展中国特色社会主义伟大实践中想问题、办事情的根本立足点。特别是在推进新时代中国特色社会主义事业的过程中，我们要从我国社会主义初级阶段的最大国情出发，既看到我国仍处于并将长期处于社会主义初级阶段的基本国情没有变，也要看到我国社会的主要矛盾发生了变化，已经转化为人民日益增长的美好生活需要和不平衡不充分的发展之间的矛盾，从而使社会主义初级阶段的漫长过程中又呈现出更加具体的阶段性特征。

第四章　马克思主义的社会观

一、马克思主义社会观的主要内容

人是社会的人，每一个人都存在和活动于具体的、基于特定历史的现实社会当中。人生的内容与复杂多样的社会关系和社会活动密不可分。个人与社会的关系问题是认识和处理人生问题的重要着眼点和出发点。

个人与社会是对立统一的关系，两者相互依存、相互制约、相互促进。社会是由一个个具体的人组成的，离开了人就没有社会，社会是人的存在形式。同时，人是社会的人，离开了社会人也无法生活。社会犹如一个有生命、有活力的有机体，个人犹如这个有机体中的细胞。只有有机体的所有细胞都充满活力，这个有机体才能是生气勃勃和生长旺盛的；细胞如果脱离了有机体，也将失去赖以存在的必要条件。社会成员素质的不断提高是社会发展的重要基础，推动和实现人的全面发展是社会发展的根本目标。

个人与社会的关系，最根本的是个人利益与社会利益的关系。

社会需要是个人需要的集中体现，是社会全体成员带有根本性、全局性、长远性需要的反映。个人利益的满足只能是在一定的社会条件下、通过一定的社会方式来实现。在社会主义社会中，个人利益与社会利益在根本上是一致的。社会利益离不开个人利益，个人利益也离不开社会利益。社会利益不是个人利益的简单相加，而是所有人利益的有机统一。社会利益体现了作为社会成员的个人的根本利益和长远利益，是个人利益得以实现的前提和基础，同时它也保障着个人利益的实现。

二、确立马克思主义社会观的必要性

人的社会性决定了人只有在推动社会进步的过程中，才能实现自我的发展。如果人人都只是关心自己的利益，甚至以损害他人利益、社会利益的方式满足一己之私，人赖以生存的社会不仅难以发展进步，还将最终因私欲的膨胀而走向崩溃。青年学生思考人生问题，应该正确认识和处理个人与社会的关系，把小我和大我更好地统一起来，把自己的人生追求同社会的发展进步紧密结合起来，在为社会做贡献的过程中成长进步，实现自己的人生价值。

三、坚持马克思主义的社会观，同向同行

与历史同向。历史车轮滚滚向前，时代潮流浩浩荡荡。历史只会眷顾坚定者、奋进者、搏击者，而不会等待犹豫者、懈怠者、畏难者。当代青年学生要正确认识世界和中国发展大势，尊重顺应历史的选择和人民的选择,准确把握中国发展的重要战略机遇期,提升民族自信心,增强时代责任感,与历史同步伐,与时代共命运。

与祖国同行。青年学生只有自觉将人生目标同国家和民族的前途命运紧紧联系在一起,才能最大限度地实现人生价值。回溯历史,五四运动时期,青年学生勇立时代潮头,为救亡图存奔走呐喊;新民主主义革命时期,为国捐躯的青年典范不胜枚举;中华人民共和国成立以来,更有无数青年学生积极投身社会主义现代化建设事业,展现时代风貌,勇于开拓进取。当代中国正处于中华民族伟大复兴的关键时期,建设社会主义现代化强国任重道远。当代青年学生要正确认识国家和民族赋予的历史责任和使命,自觉与国家和民族共奋进、同发展。

与人民同在。人民群众是历史的创造者,是国家的主人。青年学生要在为人民群众服务、实现人民群众利益的过程中实现人生价值。只有走与人民群众相结合的道路,向人民群众学习,从人民群众中汲取营养,做中国最广大人民根本利益的维护者,才能使自己的人生大有作为。人的一生只能享和一次青春,当一个人在青年时就把自己的人生与人民的事业紧密相连,他所创造的就是多彩的青春。

第五章　马克思主义的价值观

一、马克思主义价值观的主要内容

西方资产阶级的价值观是个人主义价值观。这种价值观强调以个人为中心，把个人看作是唯一的目的，把社会、把别人看作是达到个人目的的手段，鼓吹"合理的利己主义""为别人是手段，为自己是目的"。有些资产阶级思想家走得更远，他们把个人与社会对立起来，只讲人的自我价值，否定人的社会价值。例如，存在主义者萨特就说过，"自己是价值的唯一源泉"，"每个人仅仅在反对别人的时候才是绝对自由的"，"我的自由是价值的唯一基础"。这种"绝对的自由"，就是极端个人主义即唯我主义。西方资产阶级的个人主义价值观，既是维护资本主义制度的精神支柱，又是腐蚀社会主义国家人民、实行和平演变的重要手段。相比而言，马克思主义价值观更加博大精深，更加先进科学。它是价值观的最高境界。社会主义核心价值观是马克思主义价值观在中国的新发展，是马克思主义价值观与我国具体的国情与社会实践相结合的最新理论成果。

社会主义核心价值观把马克思主义价值观和中国革命的具体实践紧密结合起来，鲜明地体现了中国特色、中国作风、中国气派，是中国化的马克思主义价值观。它把马克思主义关于人的自由、全面发展和共产主义理想目标进一步具体化、实践化、时代化，是对马克思主义价值观的继承、丰富和发展。

二、确立马克思主义价值观的必要性

自改革开放以后，随着我国社会主义市场经济的不断发展，社会价值观呈现出了多元化特征。这使得尚处于价值观形成中的青年学生在选择价值观时面临严峻挑战，极易变得迷茫和困惑。因此，如何结合不同时期社会发展需求，对青年学生进行马克思主义价值观的引导和教育，帮助青年学生树立正确的价值观，已经成为当前思想政治教育亟待解决的重要课题。

青年学生价值观的形成会随着社会的发展与变化而产生不同的发展变化，受到不同时期的社会影响会呈现出不同的特点。从主观上看，自从改革开放之后，青年学生会随着社会的主流价值观发展方向，结合自身发展需求建立起明确的价值观；从客观角度看，随着我国社会主义市场经济的快速发展，不同时期的青年学生都是为了更好地适应社会主义发展而确立自身价值观。但处于发展过程中的社会是一个多面镜，青年学生如何结合时代需求和自身发展需求树立明确的价值观具有较大的盲目性和复杂性。因此，运用马克思主义思想理论对青年学生的价值观进行引导和教育，使青年学生在中国特色社会主义发展过程中树立起与社会主流价值取向相吻合的价值观，已经成为高校思想政治教育中一项极其重要的课题。

三、坚持马克思主义的价值观，志存高远

（一）坚持马克思主义价值观，确立社会主义核心价值观

1. 马克思主义是社会主义核心价值观的灵魂。社会主义核心的价值体系的性质和方向是由马克思主义主流意识形态决定的，党的十八大提出，要倡导富强、民主、文明、和谐，倡导自由、平等、公正、法治，倡导爱国、敬业、诚信、友善，积极培育和践行社会主义核心价值观。社会主义核心价值观的提出，鲜明确立了当代中国的核心价值理念，生动展现了中国共产党和中华民族高度的价值自信与价值自觉。

社会主义核心价值观把涉及国家、社会、公民的价值要求融为一体，体现了社会主义本质要求，继承了中华优秀传统文化，吸收了世界文明有益成果，体现了时代精神，是对我们要建设什么样的国家、建设什么样的社会、培育什么样的公民等重大问题的深刻解答。

富强、民主、文明、和谐。坚持和发展中国特色社会主义，实现中华民族伟大复兴的中国梦，凝结着中华民族和中国人民对富强、民主、文明、和谐的价值追求。这一价值追求回答了我们要建设什么样的国家的重大问题，揭示了当代中国在经济发展、政治文明、文化繁荣、社会进步等方面的价值目标，从国家层面标注了社会主义核心价值观的时代刻度。

自由、平等、公正、法治。自由、平等、公正、法治，反映了

人们对美好社会的期望和憧憬，是衡量现代社会是否充满活力又和谐有序的重要标志。这一价值追求回答了我们要建设什么样的社会的重大问题，与实现国家治理体系和治理能力现代化的要求相契合，揭示了社会主义社会发展的价值取向。

爱国、敬业、诚信、友善。爱国才能承担时代赋予的使命，敬业才能创造更大的人生价值，诚信才能赢得良好的发展环境，友善才能形成和谐的人际关系。爱国、敬业、诚信、友善，这一价值追求回答了我们要培育什么样的公民的重大问题，涵盖了社会公德、职业道德、家庭美德、个人品德等各个方面，是每一个公民都应当遵守的道德规范。有了这样的价值追求，人们才能更好地处理个人与国家、社会、他人的关系，不断提升自己的人生境界。

2. 做社会主义核心价值观的积极践行者

青年的价值取向，既关系着自己的健康成长成才，又决定着未来整个社会的价值取向。青年是引风气之先的社会力量。在全社会培育和弘扬社会主义核心价值观，需要青年学生始终走在时代前列，成为社会主义核心价值观的坚定信仰者、积极传播者、模范践行者。

3. 扣好人生的扣子

青年学生在高校生活，少则三到四年，多则九到十年，正处在人生成长的关键时期，知识体系搭建尚未完成，价值观塑造尚未成型，情感心理尚未成熟，需要加以正确引导。这好比小麦的灌浆期，这个时候阳光水分跟不上，就会耽误一季的庄稼。青年的价值取向决定了未来整个社会的价值取向，而青年又处在价值观形成和确立的时期，抓好这一时期的价值观养成十分重要。正如习近平指出："这就像穿衣服扣扣子一样，如果第一粒扣子扣错了，剩余的扣子都会扣错。人生的扣子从一开始就要扣好。"①

青年学生成长成才和全面发展,离不开正确价值观的引领。当今世界和当代中国都处于大变革之中。这种变革反映到人们的思想观念中,自然会产生多种多样的思想理论和价值理念。面对世界范围内各种思想文化交流交融交锋的新形势,面对整个社会思想价值观念呈现多元多样、复杂多变的新特点,青年学生健康成长成才更加需要正确价值观的引领。正确的价值观能够引导青年学生把人生价值追求融入国家和民族事业,始终站在人民大众立场,同人民一道拼搏、同祖国一道前进,服务人民、奉献社会,努力成为中国特色社会主义事业的合格建设者和可靠接班人。

核心价值观的养成绝非一日之功。青年学生要坚持由易到难、由近及远,从现在做起,从自己做起,努力把社会主义核心价值观的要求变成日常的行为准则,形成自觉奉行的信念理念,并身体力行大力将其推广到全社会去,为实现国家富强、民族振兴、人民幸福的中国梦凝聚强大的青春能量。

(二) 勤学修德明辨笃实

"一种价值观要真正发挥作用,必须融入社会生活,让人们在实践中感知它、领悟它。"② 这就要求在培育和弘扬的过程中,下好落细、落小、落实的功夫。对于青年学生而言,就是要切实做到勤学、修德、明辨、笃实,使社会主义核心价值观成为一言一行的基本遵循。

---

① 《习近平谈治国理政》第1卷,外文出版社2018年版,第172页。
② 《习近平谈治国理政》第1卷,外文出版社2018年版,第165页。

勤学。知识是树立社会主义核心价值观的重要基础。青年学生正处于学习科学知识的黄金时期，要下得苦功夫，求得真学问，把学习作为一种精神追求、一种生活方式，以韦编三绝、悬梁刺股的毅力，以凿壁借光、囊萤映雪的劲头，努力扩大知识半径，既读有字之书，也读无字之书，砥砺道德品质，掌握真才实学，练就过硬本领。要努力掌握马克思主义理论，形成正确的世界观和科学的方法论，深化对社会主义核心价值观的认知认同。青年学生要注重把所学知识内化于心，形成自己的见解，专攻博览，努力掌握为祖国、为人民服务的真才实学，让勤于学习、敏于求知成为青春远航的动力。

修德。"德者，本也。"蔡元培曾经说过："若无德，则虽体魄智力发达，适足助其为恶。"道德之于个人、之于社会，都具有基础性意义，做人做事第一位的是崇德修身。"核心价值观，其实就是一种德，既是个人的德，也是一种大德，就是国家的德、社会的德。国无德不兴，人无德不立。"① 一个人只有明大德、守公德、严私德，其才方能用得其所。修德，既要立意高远，又要立足平实。要立志报效祖国、服务人民，这是大德，养大德者方可成大业。同时，还得从做好小事、管好小节开始起步，"见善则迁，有过则改"，踏踏实实修好公德、私德，学会劳动、学会勤俭，学会感恩、学会助人，学会谦让、学会宽容，学会自省、学会自律。

明辨。培育和践行社会主义核心价值观，要增强自己的价值判断力和道德责任感，辨别什么是真善美、什么是假恶丑，自觉做到

---

① 《习近平谈治国理政》第1卷，外文出版社2018年版，第168页。

常修善德、常怀善念、常做善举。当前,在一些领域和一些人当中,价值判断没有了界限、丧失了底线,甚至以假乱真、以丑为美、以耻为荣。青年学生一定要正视价值观选择和道德责任感,强化判断,善于明辨是非,善于决断选择,旗帜鲜明地弘扬真善美、贬斥假恶丑,树立正确导向,澄清模糊认识,匡正失范行为,形成激浊扬清、抑恶扬善的思想道德舆论,自觉做良好道德风尚的建设者、社会文明进步的推动者。

笃实。道不可坐论,德不能空谈。于实处用力,从知行合一上下功夫,核心价值观才能内化为人们的精神追求,外化为人们的自觉行动。《礼记》中说:"博学之,审问之,慎思之,明辨之,笃行之。"有人说:"圣人是肯做工夫的庸人,庸人是不肯做工夫的圣人。"青年有着大好机遇,关键是要迈稳步子、夯实根基、久久为功。心浮气躁,朝三暮四,学一门丢一门,干一行弃一行,无论为学还是创业,都是最忌讳的。"天下难事,必作于易;天下大事,必作于细。"成功的背后,永远是艰辛努力。青年要把艰苦环境作为磨炼自己的机遇,把小事当作大事干,一步一个脚印往前走。滴水可以穿石。只要坚韧不拔、百折不挠,成功就一定在前方等你。

培育和践行社会主义核心价值观,既要目标高远,保持定力、不懈奋进,又要脚踏实地,严于律己、精益求精,将社会主义核心价值观转化为人生的价值准则,勤学以增智、修德以立身、明辨以正心、笃实以为功。

(三)坚定理想信念

1. 理想信念是人类特有的精神现象。

人既需要物质资料来满足生存需要,也需要理想信念来充实精神生活。正确坚定的理想信念，激励人们为一定的社会理想和生活目标而不断努力追求。理想信念是人的精神世界的核心，是人精神上的"钙"。没有理想信念，理想信念不坚定，精神上就会"缺钙"，就会得"软骨病"。一个人精神上"缺钙"，就容易精神空虚甚至陷入精神荒漠，既不可能感受精神生活的丰满充实，更不可能承担时代所赋予的历史重任。追求远大理想、坚定崇高信念，是青年学生健康成长、成就事业、开创未来的精神支柱和前进动力。青年学生只有树立崇高的理想信念，才能激发起为民族复兴和人民幸福而发愤学习的强烈责任感与使命感，掌握建设祖国、服务人民的本领。不论今后从事什么职业，青年学生都要把个人的奋斗志向同国家和民族的前途命运紧紧联系在一起，把个人的学习进步同祖国的繁荣昌盛紧紧联系在一起，使理想信念之花结出丰硕的成长成才之果。

2. 中国特色社会主义是我们的共同理想

有共同理想，才能有共同步调。在中国共产党领导下，坚持和发展中国特色社会主义，实现中华民族伟大复兴，必须树立中国特色社会主义共同理想。这个共同理想，把国家、民族与个人紧紧地联系在一起，把各个阶层、各个群体的共同愿望有机结合在一起，集中代表了我国工人、农民、知识分子和其他劳动者、建设者、爱国者的利益和愿望，有着广泛的社会共识，具有令人信服的必然性、广泛性和包容性。青年学生要牢固确立在中国共产党领导下走中国特色社会主义道路、为实现中华民族伟大复兴而奋斗的共同理想和坚定信念。

中国特色社会主义是科学社会主义，不是别的什么主义。历史和现实都告诉我们，只有社会主义才能救中国，只有中国特色社会主义才能发展中国。中国特色社会主义是改革开放以来党的全部理论和实践的主题，是党和人民历尽千辛万苦、付出巨大代价取得的根本成就。中国特色社会主义，既坚持了科学社会主义基本原则，又根据时代条件赋予其鲜明的中国特色，以全新的视野深化了对共产党执政规律、社会主义建设规律、人类社会发展规律的认识，使我们国家快速发展起来，使我国人民生活水平快速提高起来。新时代坚持和发展中国特色社会主义，总任务是实现社会主义现代化和中华民族伟大复兴，在全面建成小康社会的基础上，分两步走在21世纪中叶建成富强民主文明和谐美丽的社会主义现代化强国。在当代中国，坚持中国特色社会主义，就是真正坚持科学社会主义。

中国特色社会主义不是从天上掉下来的，而是中国共产党带领人民历经千辛万苦找到的实现中国梦的正确道路。改革开放以来我们取得一切成绩和进步的根本原因，归结起来就是：开辟了中国特色社会主义道路，形成了中国特色社会主义理论体系，确立了中国特色社会主义制度，发展了中国特色社会主义文化。中国特色社会主义道路是实现社会主义现代化、指引中国人民创造自己美好生活的必由之路。中国特色社会主义理论体系是指导党和人民沿着中国特色社会主义道路实现中华民族伟大复兴的正确理论，是立于时代前沿、与时俱进的科学理论。中国特色社会主义制度是当代中国发展进步的根本制度保障，是具有鲜明中国特色、明显制度优势、强大自我完善能力的先进制度。中国特色社会主义文化源自中华民族5000多年文明历史所孕育的中华优秀传统文化，熔铸于党领导人民在革命、建设、改革中创造的革命文化和社会主义先进文化，植根于中国特色社会主义伟大实践,是中国人民胜利前行的强大精神力量。中国特色社会主义,既是我们必须不断推进的伟大事业,又是我们开辟未来的根本保证。

中国共产党的领导是中国特色社会主义最本质的特征。中国共产党是中国工人阶级的先锋队,同时是中国人民和中华民族的先锋队,是中国特色社会主义事业的领导核心。中国共产党自诞生之日起,就把为中国人民谋幸福、为中华民族谋复兴作为自己的初心和使命,并团结带领全国各族人民不懈奋斗,战胜各种艰难险阻,不断取得革命、建设、改革的伟大胜利。中国共产党领导中国人民取得的伟大胜利,使具有5000多年文明历史的中华民族全面迈向现代化,让中华文明在现代化进程中焕发出新的蓬勃生机;使具有500年历史的社会主义主张在世界上人口最多的国家成功开辟出具有高度现实性和可行性的正确道路,让科学社会主义在21世纪焕发出新的蓬勃生机;使具有60多年历史的新中国建设取得举世瞩目的成就,中国这个世界上最大的发展中国家在短短30多年里摆脱贫困并跃升为世界第二大经济体,创造了人类社会发展史上惊天动地的发展奇迹,使中华民族焕发出新的蓬勃生机。党政军民学,东西南北中,党是领导一切的。当今中国,只有中国共产党,才能领导中国人民坚持和发展中国特色社会主义,才能担当起带领中国人民创造幸福生活、实现中华民族伟大复兴的历史使命。

3. 胸怀共产主义远大理想

马克思主义科学预测了未来社会的理想状态,指明了人类社会的发展方向。共产主义社会是物质财富极大丰富、实现按需分配、人的精神境界极大提高、每个人自由而全面发展的社会。共产主义只有在社会主义社会充分发展和高度发达的基础上才能实现。中国共产党从成立之日起,就确立了共产主义的远大理想,始终团结带领中国人民朝着这个伟大理想前行。

共产主义是现实运动和长远目标相统一的过程。共产主义是崇高的社会理想,是关于无产阶级解放的学说,同时也是一种现实运动。共产主义远大理想既是面向未来的,又是指向现实的,不仅反映了人们对未来社会的美好向往,更是一个从现实的人出发,不断满足人的现实利益需求、推进人的全面发展、推动社会发展进步的历史过程与现实运动。有人认为,共产主义理想离现实太遥远,是无法实现的,这实际上割裂了共产主义远大理想与现实的辩证统一关系。事实上,共产主义的思想和实践早已存在于我们的现实生活中,那种认为"共产主义是渺茫的幻想""共产主义没有经过实践检验"的观点,是完全错误的。

共产主义远大理想的最终实现是一个漫长、艰辛的历史过程,需要一代又一代人付出艰苦的努力。回顾共产主义运动的历史进程,从18你年《共产党宣言》问世到1917年第一个社会主义国家建立,从第二次世界大战后一大批社会主义国家勃然兴起到20世纪80年代末90年代初东欧剧变、苏联解体,再到新时代中国特色社会主义焕发出前所未有的生机和活力,社会主义和共产主义的理想与实践不仅没有戛然而止,没有像西方某些人所预言的那样进入历史博物馆,反而在长期的艰辛探索中展现出更加光明的前景。理想实现的路途是艰难曲折的,共产主义远大理想的实现更是需要一代又一代人的不懈奋斗和接续努力。

作为当代青年学生,我们要正确认识共产主义远大理想和中国特色社会主义共同理想之间的关系。实现共产主义是我们的远大理想，坚持和发展中国特色社会主义，就是向着远大理想所进行的实实在在的努力。心中有信仰，脚下有力量。走好新时代的长征路，青年学生要不断增强中国特色社会主义道路自信、理论自信、制度自信、文化自信，自觉做共产主义远大理想和中国特色社会主义共同理想的坚定信仰者、忠实实践者，为崇高理想信念而矢志奋斗。

4. 个人理想与社会理想的统一

坚持个人奋斗目标与国家、民族的奋斗目标相统一，把个人理想融入社会理想之中，在为实现社会理想而奋斗的过程中实现个人理想，这是青年学生成长成才的必由之路。

个人理想是指处于一定历史条件和社会关系中的个体对于自己未来的物质生活、精神生活所产生的种种向往和追求。社会理想是指社会集体乃至社会全体成员的共同理想，即在全社会占主导地位的共同奋斗目标。个人理想与社会理想的关系实质上是个人与社会关系在理想层面的反映。个人与社会有机地联系在一起，二者相互依存、相互制约、共同发展。同样，社会理想与个人理想也不是彼此孤立的，它们之间相互联系、相互影响、相互制约。

个人理想以社会理想为指引。追求个人理想的实践活动都是在社会中进行的，正确的个人理想不是依个人主观愿望随意确定的，从根本上说它是由正确的社会理想规定的。同时，个人理想的实现，必须以社会理想的实现为前提和基础。因此，在整个理想体系中，社会理想是最根本、最重要的，而个人理想则从属于社会理想。换句话说，个人理想的确立要以社会理想为引导，个人理想的实现依赖于社会理想的实现。个人理想只有同国家的前途、民族的命运相结合，个人的向往和追求只有同社会的需要和人民的利益相一致，才可能变为现实。

　　社会理想是对个人理想的凝练和升华。社会是个人的联合体，社会理想与个人理想密不可分。社会理想不是凭空产生的，也不是由外在力量强加的，而是建立在众人的个人理想基础之上。强调个人理想要符合社会理想，并不是要排斥和抹杀个人理想，而是要摆正个人理想同社会理想的关系。社会理想归根到底要靠全体社会成员的共同努力来实现，并具体体现在每个社会成员为实现个人理想而进行的活生生的实践中。当社会理想同个人理想有矛盾冲突的时候，有志气、有抱负的人可以做出最大的自我牺牲，使个人的理想服从于全社会的共同理想。

　　"得其大者可以兼其小。"个人只有把人生理想融入国家和民族的事业中，才能最终成就一番事业。青年学生对自己未来生活的追求和向往，不能脱离当代中国的社会现实。坚持和发展中国特色社会主义，实现中华民族的伟大复兴，是当代中国最大的现实，也是全体中国人民共同的社会理想。青年学生要在社会理想的指引下，珍惜韶华、奋发有为，勇于追求个人理想，在实现社会理想的过程中努力实现个人理想。

　　（四）为实现中国梦注入青春能量

　　每一个青年的前途离不开国家的前途，没有国家的前途也就没有青年的前途。青年学生肩负实现中华民族伟大复兴中国梦的历史重任，只有把实现理想的道路建立在脚踏实地的奋斗上，才能放飞青春梦想，实现人生理想。

　　立志当高远。中国传统文化中有许多励志警句。如，墨子说

"志不强者智不达"，诸葛亮说"志当存高远"。这里的"志"具有双重含义：一是对未来目标的向往，二是实现奋斗目标的顽强意志。志向，就是理想信念；立志，就是确立理想信念。远大的志向如太阳，唯其大，才有永不枯竭的热能；如灯塔，唯其高，才能照亮前进的航程。有志者，事竟成；有大志者，人生事业才能辉煌。志向高远，就是要放开眼界，不满足于现状，也不屈服于一时一地的困难与挫折，更不要斤斤计较个人私利的多少与得失。大量事实告诉人们，那些在事业上取得伟大成就、对人类做出卓越贡献的人，都是在青年时期就立下了鸿鹄之志，并为之坚持不懈、努力奋斗。周恩来中学时期就立下了"为中华崛起而读书"的志向，李四光、钱学森、邓稼先等老一代知识分子，青年时期就立志用自己的聪明才智报效祖国。树雄心、立壮志，是关系青年学生一生前途命运的重大课题。

立志做大事。中国民主革命的先行者孙中山曾激励广大青年：要立志做大事，不要立志做大官。其中的道理就是希望青年以国家民族的命运为己任，而不要以个人的荣华富贵为人生的理想。如果一个人不顾自身所处时代的召唤，脱离自己所归属的国家和民族繁荣发展的需要，一切以自我为中心，天马行空、独来独往，那么，不仅他的人生价值取向是错误的，而且这种追求因为脱离了国家、民族和时代的需要，往往也是难以实现的。在今天，做大事就是献身于新时代中国特色社会主义伟大事业。无论从事什么具体、平凡的工作，只要是与这一伟大事业相联系、服务于祖国和人民的，就值得我们去做。新时代的青年学生应该把个人的命运与国家和人民的命运联系在一起，立为国奉献之志，立为民服务之志，为祖国和人民的利益而奋斗,在为实现社会理想而奋斗的过程中实现个人理想。

立志须躬行。漫长征途需要一步一步地走,崇高理想的实现需要一点一滴地奋斗。通往理想的路是遥远的,但起点就在脚下,就在一切平凡的岗位上,就在扎扎实实的学习和工作中。中国古代先哲老子说:"合抱之木,生于毫末;九层之台,起于累土;千里之行,始于足下。"踏踏实实、循序渐进,与雄心壮志、力争上游并不矛盾。不踏踏实实打好基础,就无法攻尖端、攀高峰,有时表面上看好像是爬上去了,但实际底子是空的。青年学生要牢记"空谈误国、实干兴邦",志存高远、脚踏实地、埋头苦干,充分展现自己的抱负和激情,用勤劳的双手成就属于自己的人生精彩。

祖国的富强、民族的繁荣、人民的幸福,需要每一个社会成员尽其才、奋其志。中国梦是中华民族的振兴之梦,也是每一个青年学生的成才之梦。中国梦让生活在这个时代的青年学生与祖国人民一起共同享有人生出彩的机会,共同享有梦想成真的机会,共同享有同祖国和时代一起成长与进步的机会。青春只有在为祖国和人民的真诚奉献中才能更加绚丽多彩,人生只有融入国家和民族的伟大事业才能闪闪发光。

第六章　马克思主义的道德观

一、马克思主义道德观的主要内容

思想道德素质是人们的思想观念、政治立场、价值取向、道德情操和行为习惯等方面品质和能力的综合体现，反映着一个人的思想境界和道德风貌，是促进个体健康成长、社会发展进步的重要保障。大学时期是个体道德意识形成和发展的一个重要阶段，在这个时期形成的道德观念对青年学生一生影响很大。青年学生提高自身的道德素质，需要认真学习道德的基本理论，树立正确的道德观，自觉传承中华传统美德和中国革命道德，积极吸收借鉴人类优秀道德成果，遵守公民道德准则，在投身崇德向善的实践中不断提高道德品质。

马克思关于道德建设的理论主要有以下方面。

第一，德是相对性与绝对性的统一，不存在永恒道德。马克思主义认为，认识来源于实践，道德观作为一种社会意识，是对客观道德现象的主观反映，它不以人的主观意志为转移。道德观的内容是由社会物质生活和物质实践决定的，其理论的运用也要"随时随地都要以当时的历史条件为转移"①。在特定的历史时期，有什么样的社会物质生活和物质实践，就有什么样的道德观；而道德观的崇高与否，也会直接作用于社会道德实践。也就是说，道德观念的形成是以客观的道德实践为依据，又要通过道德实践的检验，这样的道德观体现了绝对性。但对于整个人类历史而言，人的认识是一个由浅入深、永无止境的过程，"认识—实践—再认识—再实践"无限循环、无限发展、无限上升，新的道德实践的出现，弱化了原有道德观念的作用力，催生新的道德观念的形成，这说明道德观念具有相对性。所以，马克思主义道德观是一个历史范畴，是相对性与绝对性的统一。恩格斯在《反杜林论》第九章"道德和法。永恒真理"中深刻揭露了杜林形而上学的永恒真理观，进而揭露杜林永恒道德论的历史唯心主义实质，阐明道德具有历史性和阶级性，不存在超阶级、超历史、超民族的永恒道德，也体现了道德相对性与绝对性的统一思想。

第二，道德是阶级的道德。马克思在《资本论》中用大量的事实证明了资本主义社会的不合理、不公正，他更指出资本家的财富就是来自对"他人劳动时间的盗窃"，更指出"以盗窃为基础的制度就是非正义的制度。"② 恩格斯认为"一切以往的道德论归根到底都是当时的社会经济状况的产物。而社会直到现在还是在阶级对立中运动的，所以道德始终是阶级的道德；它或者为统治阶级的统治

---

① 《马克思恩格斯选集》第1卷，人民出版社1995年版，第248页。
② 罗伯特·韦尔：《分析马克思主义新论》，鲁克俭等译，中国人民大学出版社2002年版，第70页。

和利益辩护,或者当被压迫阶级变得足够强大时,代表被压迫者对这个统治的反抗和他们的未来的利益。"① 正如恩格斯所说:"道德始终是阶级的道德",也就是说,任何一种道德都有着自己的阶级特征,无论是资产阶级还是无产阶级。正如资本主义制度,相比封建制度已属进步的制度,但是人类也为这以往的先进社会制度付出了巨大代价,"自从资本主义的生产方式产生以来,工人阶级的物质生活条件从整体上来说,是变得更悲惨"②。因此处在水深火热中的无产阶级劳苦大众必然会在新的经济社会中寻找一种更好更适合人类发展的社会制度——共产主义!只有共产主义才能给人更多的自由平等,才会更人道、更公平、更自由,实现人的全面发展。从社会发展的层面看,共产主义是比资本主义更先进的社会制度,附和人类发展的客观要求和历史发展的总趋势。

第三,道德存在的某种共同形式。

即使共产主义有再多的先进之处,马克思也并不认为共产主义社会就可以说是永恒的,是人类社会的终点。因为即使进入了共产主义也不意味着们每个人就可以随心所欲为所欲为了,欲望本身就是一个不断发展的矛盾,因此道德自身也具有相对性。不过在共产主义社会,人类是完全自由的,可以按照自己的意志去塑造世界,道德不再是统治阶级的统治工具,而是一种合乎人性的理念,人能够得到全面的发展。"不管阶级对立具有什么样的形式,社会上一部分人对另一部分人的剥削却是过去各个世纪所共有的事实。因此,

---

① 《马克思恩格斯文集》第20卷,人民出版社1971年版,第134页。
② 罗伯特·韦尔:《分析马克思主义新论》,鲁克俭等译,中国人民大学出版社2002年版,第390页。

毫不奇怪，各个世纪的社会意识，尽管形形色色、千差万别，总是在某些共同的形式中运动的。这些形式，这些意识形式，只有当阶级对立完全消失的时候才会完全消失。"① 换句话说，共产主义社会里，阶级已经消亡，个体无需再去刻意追求那些严格要求自己的道德，人们只需有尊严地活着，去追求自由和自我的全面发展，这种前提下才会形成马克思所谓的道德的"共同形式"。但在现实的阶级社会里，这种道德的共同形式是不存在的。虽然"每一个企图取代旧统治阶级的新阶级，为了达到自己的目的不得不把自己的利益说成是社会全体成员的共同利益"，并"赋予自己的思想以普遍性的形式，把它们描绘成唯一合乎理性的、有普遍意义的思想。"② 由此，马克思深刻批判了资本主义社会的伪善与伪道德的行径，批判了统治阶级用某些普遍形式的道德规范，以"软刀子"的形式，植入劳苦大众的血液中。总之，马克思的道德观，批判了资本主义伪道德的理论，剖析了在资本主义伪道德制度下造成了人的异化，从而失去了真正全面发展的自由。马克思的道德理论并没有抽象地和笼统地告诉人们不准有杀人、偷盗、欺骗和通奸等旧道德规范的行为，而是反思造成这些行为背后的深层原因。

二、确立马克思主义道德观的必要性

"中国梦"青年志。实现"中国梦"对青年学生来说，重任在

---

① 罗伯特·韦尔:《分析马克思主义新论》，鲁克俭等译，中国人民大学出版社2002年版，第325页。
② 《马克思恩格斯选集》第1卷，人民出版社1995年版，第100页。

肩、任重道远。正所谓"青年强则国家强",作为青年的青年学生更是实现"中国梦"的坚强后盾。为此青年的青年学生需要全方位地提高自己。作为青年的青年学生不仅仅要增加自己的科学文化知识,同时还要提高自己的道德素质。因此,青年学生的道德建设成为了提高青年学生道德素质的重中之重。

我国改革开放 40 年来,经济快速发展的同时,随之而来的是一些社会矛盾的加剧与道德观念的分化,这迫切地需要最大限度地形成广泛的社会共识,凝聚各方力量,需求一个核心价值观的引导,指引人们重新树立起共同的价值观,摒弃目前社会上出现的各种道德缺失的价值观思潮。青年学生作为社会群体中最朝气蓬勃、最活跃、求知欲和学习能力最强的一群人,最有实力去克服我国目前遇到的多重价值观的冲击,重新树立起正确的价值观念。因此道德建设最适合也最有可能在青年学生群体中开展。道德建设对青年学生来说具有巨大的作用:

第一,导向作用。青年学生道德建设对青年学生的素质甚至人生都有巨大的导向作用。俗话说,无规矩不成方圆,大学阶段处于一个人世界观、人生观、价值观的形成和固定时期,非常需要正确的理论作为人生导向,在这个阶段,道德建设就起到了巨大的作用。青年学生的道德建设为青年学生指明了人生观的方向,对青年学生从事一切活动有了方向性的指导。只有在有了正确的导向,才能更好地参与实践。因为青年学生道德建设对青年学生具有重要的导向作用。

第二,推动作用。青年学生道德建设对青年学生成才具有巨大的推动作用。青年学生的道德建设离不开理想信念的教育。理想信念教育是青年学生道德建设的重要组成部分。崇高的人生理想和坚定的信念为青年学生成才提供强大的精神动力。只有有了崇高的人生理想，才能更好地找到人生的方向；只有有了坚定的信念，才能更努力地为了人生理想而奋斗。同时，作为祖国未来的青年学生，只有拥有为了祖国而奋斗终生的共同理想和坚定的爱国信念，才能在培养起为中国之富强而读书的爱国之心和报国之志。因此可以说，青年学生道德建设离不开理想信念的建设，理想信念的建设对青年学生道德建设具有巨大的推动作用。

第三，协调作用。青年学生的道德建设具有协调作用。青年学生是人，人是社会的产物，只有在社会中，人才能成为真正的人。青年学生要成才，必须达到个人与集体、个人与社会的协调统一。不要问这个社会能给你什么，首先问一下自己能为社会创造什么。只有个人先满足社会的要求，才能最终得到社会的回报。也就是说，在为社会做贡献之前首先要明白社会需要什么，这就需要道德建设的协调作用来协调个人与集体和社会之间的关系。青年学生若想成才，需顺应社会的历史发展趋势，做社会中的人，但首要条件是先有资格成为人，这就需要良好的道德品质作为坚强的后盾，因此，作为青年学生的人是离不开道德建设的，同样离不开道德建设的协调作用来协调青年学生与集体社会的关系。

三、坚持马克思主义道德观，知行合一

（一）遵守公民道德准则

公民道德建设，对于提高人民思想觉悟、道德水准、文明素养，

提高全社会文明程度，具有至关重要的作用。弘扬社会主义道德，必须坚持以为人民服务为核心、以集体主义为原则，推进社会公德、职业道德、家庭美德、个人品德建设。青年学生要自觉讲道德、尊道德、守道德，加强品德修养，锤炼道德品质，努力做到向上向善、孝老爱亲，忠于祖国、忠于人民。

1. 为人民服务是社会主义道德的核心

为人民服务是社会主义经济基础和人际关系的客观要求。在社会主义社会，每个劳动者和建设者都在为社会、为他人同时也是为自己而劳动和工作。各行各业的劳动者和建设者，只是社会分工不同，没有高低贵贱之分。权利和义务不再分属于两个对立的阶级，而是统一于人民自己身上，每个人都是服务对象，又都为他人服务，全体人民通过社会分工和相互服务来实现共同利益。在我国，以公有制为主体和以按劳分配为主体，是为人民服务的根本制度保证，在此基础上逐步形成的团结互助、平等友爱、共同进步的人际关系，是为人民服务的基础。

为人民服务是社会主义市场经济健康发展的要求。在社会主义市场经济条件下，市场主体必须通过向社会和他人提供一定数量和质量的产品，建立满足社会和他人需求的良好信誉。换句话说，社会主义市场经济，不仅不排斥为社会和他人服务，而且需要通过服务甚至是优质服务，才能实现市场主体的利益。为人民服务与社会主义市场经济并不必然对立。社会主义市场经济本质上要求为人民服务，不仅在于人们在一切经济活动中，应正确处理个人与社会、竞争与协作、效率与公平、先富与共富、经济效益与社会效益等关系，形成健康有序的经济和社会生活规范；更在于强调在社会主义物质文明和精神文明的引导下，每个市场主体都要有为人民服务的思想，自觉积极地为人民服务、为社会服务，更好使市场主体把自身的特殊利益同国家和人民的共同利益结合起来。

为人民服务是先进性要求和广泛性要求的统一。为人民服务，既伟大又平凡，既高尚又普通，它并非高不可攀、远不可及，而是可以通过不同层次、不同形式表现出来。"每个人的力量是有限的，但只要我们万众一心、众志成城，就没有克服不了的困难；每个人的工作时间是有限的，但全心全意为人民服务是无限的。"① 在今天，毫不利己、专门利人、无私奉献是为人民服务，顾全大局、先公后私、爱岗敬业、办事公道是为人民服务，同志间、师生间、同学间互相关心、互相爱护、互相帮助是为人民服务，热心公益、助人为乐、见义勇为、扶贫帮困、扶残助残也是为人民服务，遵纪守法、诚实劳动并获取正当的个人利益同样也是为人民服务。那种认为为人民服务只适于党员干部而不能推广到全体人民的看法是一种误解。一个有道德的人、一个具有为人民服务意识的人，必定会有为他人服务、为社会献身的精神，会时时处处想到别人，想到社会，想到国家，从而能够推己及人、与人为善，服务他人、奉献社会，使他人能够因自己的所作所为而得到益处，使社会可以因自己的努力而发生积极改变。只要一个人对社会、对他人尽了心、尽了力、尽了职，他的言行就具有道德价值。

青年学生践行为人民服务，就是要弘扬为人民服务的精神，尊重人、理解人、关心人，为人民、为社会多做好事、多做贡献。

---

① 《习近平谈治国理政》第1卷，外文出版社2018年版，第5页。

2. 集体主义是社会主义道德的原则

集体主义强调国家利益、社会整体利益和个人利益的辩证统一。在社会中，人既作为个体而存在，又作为集体中的一员而存在，集体和个人是不能分割的。"一方面，个人离不开集体，集体把每个劳动者的智慧和力量凝聚在一起，形成巨大的创造力。另一方面，集体是由若干个人组成的，不调动个人的积极性，也就不会有集体的创造力。集体与个人，即'统'与'分'，是相互作用、相互依赖、互为前提的辩证统一关系。只有使二者有机地结合起来，才能使生产力保持旺盛的发展势头，偏废任何一方，都会造成大损失。"在社会主义社会中，国家利益、社会整体利益和个人利益也是不能分割的。国家利益、社会整体利益体现着个人根本的、长远的利益，是所有社会成员共同利益的统一。同时，每个人的正当利益，又都是国家利益、社会整体利益不可分割的组成部分。国家社会的兴衰与个人利益得失息息相关。在现实生活中，国家利益、社会整体利益和个人利益是相辅相成的，不是靠抑制一方来发展另一方，而是要力求做到共同发展、相互增益、相得益彰。

集体主义强调国家利益、社会整体利益高于个人利益。在实际生活中，个人利益和国家利益、社会整体利益难免会发生矛盾。这种矛盾，有的是可以缓和、化解的，有的则会发生或大或小的冲突。但是，集体主义强调，在个人利益与国家利益、社会整体利益发生矛盾冲突，尤其是发生激烈冲突的时候，必须坚持国家利益、社会整体利益高于个人利益的原则，即个人应当以大局为重，使个人利益服从国家利益、社会整体利益，在必要时做出牺牲。集体主义要求个人为国家、社会做出牺牲并不是任意的，只有在不牺牲个人利益就不能保全国家利益、社会整体利益的情况下，才要求个人为国家利益、社会整体利益做出牺牲。社会主义集体主义之所以强调个人利益要服从国家利益、社会整体利益，归根到底，既是为了维护国家、社会的共同利益，最终也是为了维护个人的根本利益和长远利益。

集体主义重视和保障个人的正当利益。集体主义促进和保障个人正当利益的实现，使个人的才能、价值得到充分的发挥。这不但与集体主义不矛盾，而且正是集体主义思想的应有之义。只有在国家、社会中个人才能获得全面发展，才可能有个人自由。那种把集体主义看作是对个人的压制、是对个性的束缚的思想，是与集体主义的本意相违背的。事实上，正是集体主义为培养个人的健全人格、鲜明个性和创新精神提供了道义保障。对于集体主义来说，只有个人的价值、尊严得到实现，个人的正当利益得到保证，集体才能有更强大的生命力和凝聚力。集体主义重视个人利益的实现，这是毫无疑义的，但这并不等于说，任何个人不分场合不分时间的利益需求，都应该无条件得到满足。社会主义集体主义所重视和保障的是个人的正当利益，而不是任何性质的个人利益，对于损人利己、损公肥私的行为，集体主义不但不保护，而且强烈反对和禁止。

随着社会主义市场经济的发展，我国的经济生活和道德生活正在发生着深刻的变化，在道德领域出现了许多新问题，必须适应实际变化，不断补充、丰富和完善集体主义原则。在社会主义市场经济条件下，集体主义仍然而且应当成为社会主义道德的基本原则。发展社会主义市场经济，之所以需要集体主义，是因为其有助于克服市场自身的弱点和消极方面，有助于形成追求高尚、激励先进的良好社会风气，保证社会主义市场经济的有序健康发展。根据我国现阶段经济社会生活和人们思想道德的实际，可将集体主义分为三个层次的道德要求：一是无私奉献、一心为公，这是集体主义的最高层次，是共产党员、先进分子应努力达到的道德目标。二是先公后私、先人后己，这是已经具有较高社会主义道德觉悟的人能够达到的要求。三是顾全大局、遵纪守法、热爱祖国、诚实劳动，这是对公民最基本的道德要求。

集体主义离我们并不遥远，就存在体现于具体的学习工作生活之中。人人都可以而且应当践行集体主义原则，沿着道德的阶梯循序渐进地向上攀登。当代青年学生应正确认识和处理国家、集体、个人的利益关系，自觉坚持个人利益服从集体利益、局部利益服从整体利益、当前利益服从长远利益，反对小团体主义、本位主义和极端个人主义。

（二）遵守社会公德

社会公德，是指人们在社会交往和公共生活中应该遵守的行为准则，是维护公共利益、公共秩序、社会和谐稳定的起码的道德要求，涵盖了人与人、人与社会、人与自然之间的关系。包括青年学生在内的每一个社会成员，都应遵守以文明礼貌、助人为乐、爱护公物、保护环境、遵纪守法为主要内容的社会公德。

文明礼貌。文明礼貌是调整和规范人际关系的行为准则，与我们每个人的日常生活密切相关。文明礼貌是路上相遇时的微笑，是与人相处时的尊重，是沟通感情的桥梁。它反映着一个人的道德修养，体现着一个民族的整体素质。青年学生应当自觉讲文明、懂礼貌、守礼仪，塑造真诚待人、礼让宽容的良好形象。

助人为乐。在公共生活中，每个人都会遇到困难和问题，总有需要他人帮助和关心的时候。把帮助他人视为自己应做之事，是每个社会成员应有的社会公德，是有爱心的表现。"赠人玫瑰，手有余香。"青年学生应当尽自己的努力帮助他人，积极参与公益事业，以力所能及的方式关心和关爱他人，并在对他人的关心和帮助中收获实现人生价值的快乐。

爱护公物。对社会共同劳动成果的珍惜和爱护，是每个公民应该承担的社会责任和义务，它既显示出个人的道德修养水平，也是社会文明水平的重要标志。如果社会公共财物遭到破坏，社会的利益就会受到损害。青年学生要增强社会主人翁责任感，珍惜国家、集体财产，爱护公物，特别要保护社会公用设施，坚决同损害公共财产、破坏公物的行为做斗争。

保护环境。生态环境保护是功在当代、利在千秋的事业。人类发展活动必须尊重自然、顺应自然、保护自然，否则就会遭到大自然的报复。青年学生要像对待生命一样对待生态环境，身体力行，倡导简约适度、绿色低碳的生活方式，为留下天蓝、地绿、水清的生产生活环境，为建设美丽中国做出自己应有的贡献。

遵纪守法。遵纪守法是全体公民都必须遵循的基本行为准则，是维护公共生活秩序的重要条件。在社会生活中，每个社会成员既要遵守国家颁布的有关法律、法规，也要遵守特定公共场所和单位的有关纪律规定。全面依法治国需要每个人都遵纪守法，树立规则意识。青年学生应当全面了解公共生活领域中的各项法律法规，熟知校纪校规，牢固树立法治观念，以遵纪守法为荣，以违法乱纪为耻，自觉遵守有关的纪律和法律。

(三) 遵守网络生活中的道德要求

互联网是一个社会信息大平台，亿万网民在上面获得信息、交流信息，这既会影响人们的求知途径、思维方式、价值观念，也会影响人们对国家、社会、人生的看法。从本质上说，网络交往仍然是人与人的现实交往，网络生活也是人的真实生活。网络生活中的道德要求，是人们在网络生活中为了维护正常的网络公共秩序需要共同遵守的基本道德准则，是社会公德在网络空间的运用和扩展。"网络空间天朗气清、生态良好，符合人民利益。网络空间乌烟瘴气、生态恶化，不符合人民利益。"① 青年学生应当遵守网络生活中的道德要求，成为营造清朗网络空间的正能量。

正确使用网络工具。当今世界，科技进步日新月异，互联网、云计算、大数据等现代信息技术深刻改变着人类的思维、生产、生活、学习方式，展示了世界发展的前景。人们通过网络获取信息的方式更加方便、多样，大部分人特别是年轻人越来越主要地依靠网络获取信息。与此同时，网上也充斥着越来越多的虚假、低俗甚至反动、淫秽和暴力等信息内容，特别是一些有组织的网上恶意攻击和思想渗透行为，更是严重地影响了网络生活秩序。青年学生应当正确使用网络，提高信息的获取能力，加强信息的辨识能力，增进信息的应用能力，使网络成为开阔视野、提高能力的重要工具。

健康进行网络交往。网络已成为人际交往的重要媒介和工具。QQ、微信、微博、网络直播等各种应用为人们提供了邮件收发、实时聊天、网上交友等途径。青年学生应通过网络开展健康有益的人

---

① 《习近平谈治国理政》第 2 卷，外文出版社 2018 年版，第 336 页。

际交往，树立自我保护意识，不要轻易相信网友，避免受骗上当，避免给自己的人身和财产安全带来危害。同时，网络虽然拉近了自己与陌生人的距离，却有可能使自己疏远家人、同学、朋友等身边的人，这也在一定程度上会弱化现实的人际交往能力，因此不能以网络交往代替现实交往。

自觉避免沉迷网络。青年学生通过网络接触到前所未有的广阔空间，能更加有效和广泛地获取信息、学习知识、交流情感和了解社会。但是，现实中也存在着一些青少年上网成瘾，沉迷于网络尤其是网络游戏不能自拔，导致耽误学业甚至放弃学业的现象。一个人的时间和精力都是有限的，在网上消耗的时间多，在其他方面投入的时间就少。从网上得到的信息也并非越多越好，接受越多的信息越有可能干扰自己的思维和行动。青年学生应当合理安排上网时间，约束上网行为，避免沉迷网络。

加强网络道德自律。网络空间同现实社会一样，既要提倡自由，也要保持秩序。网络的虚拟性以及行为主体的隐匿性，不利于发挥社会舆论的监督作用，使道德规范所具有的外在约束力明显降低。如果说享受互联网的自由是网民不可剥夺的权利，那么加强道德自律就应该成为网民不可推卸的义务。在这种情况下，个体的道德自律成为维护网络道德规范的基本保障。青年学生应当在网络生活中培养自律精神，在缺少外在监督的网络空间里，做到自律而"不逾矩"，促进网络生活的健康与和谐。

积极引导网络舆论。纷繁复杂的网络言论如果得不到正确引导，势必会引发各种社会问题。社会需要正能量的舆论来鼓舞温暖人心，网络舆论的引导更需要激浊扬清，弘扬正气。作为新时代的青年学生，应当带头引导网络舆论，对模糊认识要及时廓清，对怨气怨言要及时化解，对错误看法要及时引导和纠正，积极营造清朗网络空间。

(四) 遵守职业道德

职业生活是否顺利、是否成功，既取决于个人的专业知识和技能，更取决于个人的职业道德素质。人们在职业活动中的道德状况如何，直接关系着各行各业乃至整个社会的道德状况。青年学生是青年人中的佼佼者，要深刻认识提高职业道德素质的重要性，注重这方面的修养和锻炼。

学习职业道德规范。通过学习职业道德规范，明确职业活动的基本规范和目的，从而提高自己的职业认知能力、判断能力和树立正确的价值理念，对青年人来说尤为重要。大学是为择业、就业、创业准备知识、品德、能力的阶段。青年学生应学习的职业道德知识是多方面的，既包括一般的职业道德知识，也包括特定行业的职业道德知识。青年学生应当将职业道德修养纳入学习成才的规划中，有计划有目的地学习，为今后走上工作岗位打下良好的基础。

提高职业道德意识。青年学生要提高自己的职业道德素质，应当将其内化为自身的素质，提高到自觉意识的层面。虽然青年学生尚未正式进入职业领域，但是仍然可以在学习生活中找到提高职业道德意识的路径。青年学生应当以职业道德模范为榜样，培养积极进取、甘于奉献、服务社会的良好职业道德意识，为未来的职业生活做准备。

提高践行职业道德的能力。大学不是与社会隔绝的象牙塔，而是通过多种渠道与社会紧密联系。在大学学习虽然不是一种职业，但是也可以通过勤工助学、兼职、实习等途径体验职业生活。许多青年学生志愿者走进西部、走进社区、走进农村，用知识和爱心为需要帮助的困难群众热情服务。他们在服务他人、奉献社会中收获了成长和进步，也为将来顺利走向工作岗位积累了实践经验。青年学生应当积极利用各种机会开展社会实践，多参与社会志愿服务活动，使自己学到的知识在服务社会的过程中得到运用和升华。

（五）锤炼高尚道德品格

个人品德在社会道德建设中具有基础性作用。在现实生活中，社会公德、职业道德和家庭美德的状况，最终都是以每个社会成员的道德品质为基础的。社会公德、职业道德和家庭美德建设，最终都要落实到个人品德的养成上。

习近平强调："道德建设，重要的是激发人们形成善良的道德意愿、道德情感，培育正确的道德判断和道德责任，提高道德实践能力尤其是自觉践行能力。"青年学生锤炼高尚道德品格，就要在知情意信行等方面加强道德修养，提高道德实践能力，自觉讲道德尊道德守道德，自觉明大德、守公德、严私德。

形成正确的道德认知和道德判断。道德是人类社会生产实践和交往实践的产物。不同的民族、不同的文化、不同的社会发展阶段里，道德的基本要求具有显著的差异，道德因此具有历史性、民族性和时代性的特征。在阶级社会中，道德作为意识形态的重要组成部分，还具有鲜明的阶级性。面对世界的深刻复杂变化，青年学生应注重增强道德判断能力，学会理性地辨析、讲求道德，形成正确的道德认知和道德观念。形成正确的道德认知和道德判断，最根本的就是要坚持以唯物史观的基本原理来看待道德。一方面要客观评判古代传统道德观和近现代资本主义道德观的进步性与局限性,尤其要清醒认识当代西方资产阶级道德观念的不合理性;另一方面还要深刻理解以生产资料公有制为主体的社会主义生产实践基础上形成的道德所具有的历史优越性、时代进步性,牢固树立中国特色社会主义道德观念。

激发正向的道德认同和道德情感。青年学生在道德修养中激发正向的情感认同,总体而言就是要亲近真善美,抵制假恶丑,体验道德的愉悦,追求高尚的快乐。通过对美德的尊崇,真正把外在的社会道德规范内化为心悦诚服的自律准则。青年学生在道德修养中激发正向的道德认同与道德情感,具体而言就是要自觉涵育对家庭成员的亲亲之情,对他人、集体的关心关爱,增强社会责任感、国家认同感、民族归属感、时代使命感,在与祖国同呼吸、与民族同步伐、与人民心连心的高尚情怀中,陶冶道德情操。

强化坚定的道德意志和道德信念。道德修养重在践行,但有些青年学生存在知而不行的现象,也就是尽管掌握了许多道德知识,却没有落实在自己的实际行动上,导致知行脱节。在道德认知向道德行为转化的过程中,道德意志和道德信念是关键环节。道德意志和道德信念是人们在践履道德原则、规范的过程中表现出的自觉克服一切困难和障碍的毅力,通过道德意志和信念的坚守,道德行为才能体现出恒久性。青年学生需要明白"从善如登"的深刻道理,磨炼道德意志,坚定道德信念,学会克服学习、生活、交往、成长中的各种困难和挫折,远离干扰、避免懈怠、战胜诱惑,在砥砺中前行,在拼搏中进取,并做到持之以恒、久久为功,从而成就高尚的道德品格。新时代的青年学生,要有为国家民族奋斗、为人类事业献身的情怀和担当,不懈追求共产主义的崇高道德信念和高尚道德境界。

(六) 知行合一

"纸上得来终觉浅,绝知此事要躬行。"高尚道德品格的形成重在实践,贵在坚持。青年学生投身崇德向善的道德实践,就要向道德模范学习,培养志愿服务精神,大力弘扬时代新风,强化社会责任意识、规则意识、奉献意识。

向道德模范学习。学习道德模范的高尚品格和先进事迹,有利于提升全体社会成员的道德素质和社会整体道德水平。青年学生要向道德模范学习,崇德向善、见贤思齐,弘扬真善美,传播正能量。优良的品质、高尚的人格并非一蹴而就,而是逐渐积累的结果。道德模范不仅做了普通人愿意做和能够做的事,更为可贵的是,他们主动做了许多人不想做的事,而且把大多数人能够做的事做得更好。一些人认为道德模范固然可敬可爱,但不可学,因为他们太高大。其实,道德模范都是从自我做起,从身边事做起,从小事做起,以此实现了由现实自我向理想自我的飞跃。在我们这个社会,我们这个时代,先进人物不断涌现,他们的业绩、精神和品质是我们取之不尽、用之不竭的力量源泉。青年学生应积极从道德模范身上获取前进的动力,做社会良知的守望者、积极传播者和践行者。

参与志愿服务活动。志愿服务的精神是奉献、友爱、互助、进步。其中,奉献精神是精髓。参与志愿服务活动,一方面,帮助了他人、服务了社会,推动了社会道德水平的提高;另一方面,也把为社会和他人的服务看作是自己应尽的义务和光荣的职责,从服务社会和帮助他人中获得成就感和幸福感。志愿服务有助于传递社会关爱、弘扬社会正气、形成向上向善、诚信互助的良好社会风尚。志愿精神与雷锋精神在本质上是高度统一的，都是社会主义核心价值观的生动体现。"雷锋精神，人人可学；奉献爱心，处处可为。积小善为大善，善莫大焉。当有人需要帮助时，大家搭把手、出份力，社会将变得更加美好。"志愿服务已经成为青年学生参与社会实践、成长成才的重要舞台，成为青年学生关爱他人、传播青春正能量的重要途径。当前，青年学生志愿服务活动已经遍及农村扶贫开发、城市社区建设、环境保护、大型活动、抢险救灾、社会公益等领域。青年学生积极投身志愿服务活动，一是到最需要的地方去。在国际国内大型活动中提供优质高效的服务，在救灾一线不畏艰险、奋力救援，在贫穷落后地区帮扶、支教，带头把志愿服务活动做进基层、做进社区、做进家庭，这都是青年学生关爱社会、奉献爱心的重要表现。二是帮助弱势群体。青年学生应在志愿服务活动中多关注空巢老人、留守儿童、困难职工、农民工及其子女、残疾人等社会弱势群体，注重向他们送温暖、献爱心。三是做力所能及的事。青年学生投身志愿服务活动，应注重结合自身的能力、专业、特长在实践中长知识、强本领、增才干，特别要积极参与教育、科技、文化、卫生等帮扶行动，多参与城乡清洁、绿色出行、低碳环保、美化家园等活动。

　　引领社会风尚。良好的社会风尚是人们在社会道德实践中逐渐形成起来的。青年学生投身崇德向善的道德实践，要弘扬真善美、贬斥假恶丑，做社会主义道德的示范者和引领者，促成知荣辱、讲正气、做奉献、促和谐的社会风尚。知荣辱。荣辱观对个人的思想行为具有鲜明的动力、导向和调节作用。社会风尚同荣辱观紧密相连，两者相互影响、相互作用。一个社会有什么样的荣辱观，也必然有什么样的社会风尚；反过来，一个社会有什么样的社会风尚，生活于其中的人们也就会形成什么样的荣辱观。青年学生应以正确的荣辱观为指导，坚定正确的行为导向，产生正确的价值激励，助推全社会形成知荣明辱的良好道德风尚。讲正气。讲正气，就是坚持真理、坚持原则，坚持同一切歪风邪气做斗争。青年学生须有一腔浩然正气，才能无所畏惧地前进，为国家、为社会建功立业。要做到讲正气，在日常生活中就要洁身自好、严于律己，自觉远离低级趣味；积极维护社会公共秩序，抵制歪风邪气，敢于伸张正义、见义勇为，坚决同践踏社会道德风尚的一切行为做斗争。奉献精神是社会责任感的集中表现。社会是由一个个的人所构成的集合体，脱离了人，便没有社会。社会需要人们对其负起责任。有责任，就意味着要奉献。奉献精神传递社会温暖，能够拉近人与人之间的距离，建立和谐的人际关系和稳定的社会秩序，促进社会健康有序地发展。热心公益与爱心资助、心中有爱是奉献精神，在危难关头挺身而出、牺牲小我是奉献精神，以职业与事业为人生目标的爱岗敬业是奉献精神，以服务国家科学技术创新进步或捍卫国家安全为己任是奉献精神。选择奉献也就选择了高尚。"德厚者流光"，青年学生要在奉献社会中积极发光发热，使我们的社会更加美好和幸福。促和谐。民主法治、公平正义、诚信友爱、充满活力、安定有序、人与自然和谐相处的社会，是国家富强、民族复兴、人民幸福的重要保证。对于青年学生来说，促和谐就是要促进自我身心的和谐、个人与他人的和谐、个人与社会的和谐、人与自然的和谐等。青年学生要用和谐的态度对待人生实践，使崇尚和谐、维护和谐内化为自己的思想意识和行为习惯，推动人与人之间、人与社会之间融洽相处，实现人与自然之间友好共生。社会文明状况是社会风尚的重要体现。各种创建文明城市、文明家庭、文明校园的活动，就是要在全社会推动形成知荣辱、讲正气、做奉献、促和谐的社会风尚。新时代的青年学生作为实现民族伟大复兴重任的中坚力量，其道德状态和精神风貌在很大程度上影响着整个社会的道德状态和精神风貌。青年学生要以高度的主人翁精神，积极参与各种精神文明创建活动，为家庭谋幸福、为他人送温暖、为社会做贡献，不断引领社会风尚，提升道德品质。

第七章 马克思主义的生态观

生态问题是当今人类社会面临的一个重大问题,面对生态危机全球化的趋势,人们不断从理论到实践对其反思,从而使马克思主义生态思想的研究日益受到人们的重视。马克思主义作为博大精深的理论体系,其中包含着十分丰富的生态哲学思想,这为我国建设社会主义生态文明提供了丰富的理论资源;对我们重新审视人与自然的关系,建设美丽中国,提供了高屋建瓴的指导思想,同时为青年学生生态观教育提供了丰富的内容。大学生作为社会主义的建设者和接班人,承担着国家和民族未来发展的希望,肩负着建设"美丽中国"的重任。他们能否树立生态文明的自觉理念,能否具有科学的生态道德意识和完备的生态道德素养,关系着整个社会未来的发展。

一、马克思主义生态观的主要内容

马克思主义生态观是马克思主义关于人与自然之间整体协调发展关系的行为准则的构建和认识。这种构建是以实践唯物主义为基础，将人的全面发展作为最终归宿，围绕人与自然、社会、自身的关系来展开，是以一种和谐发展的视角和生态实践的情怀对生态问题独特的认识，因而具有多重性含义。

(一) 人是自然界的一部分，人类的生存和发展离不开自然界

自然概念特别是人与自然关系问题早在马克思的《博士论文》中就被提及，并且在马克思之后的论述都是重点部分。马克思通过对伊壁鸠鲁哲学的研究，首次提出了人与自然之间的辩证关系。在《1844年经济学哲学手稿》中，马克思是从人与自然的关系解读自然界的。在马克思看来，人是自然界的一个分支，是自然界的一部分，人的生存与发展都得依赖自然界。他指出，"自然界，就它自身不是人的身体而言，是人的无机的身体。人靠自然界生活。这就是说，自然界是人为了不致死亡而必须与之处于持续不断的交互作用过程的、人的身体。所谓人的肉体生活和精神生活同自然界相联系，不外是说自然界同自身相联系，因为人是自然界的一部分"[1]。这表明，自然界不仅仅包含人这么一个子系统，还包含外部自然，人只是自然界这个庞大系统中的一部分。马克思又指出："没有自然界，没有感性的外部世界，工人什么也不能创造。"[2] 这表明人类社会赖以生存的一切物质条件都来源于自然界，自然界作为人的无机身体，它是人们获取物质能量、实践活动、繁衍生息的必要前提。因此，人与自然的关系是相互依存的，人类也要善待并尊重自然。

(二) 人类改造自然必须遵循自然规律

在人与自然辩证关系中，一方面，人不能离开自然，要依赖自

---

[1] 马克思：《1844年经济学哲学手稿》，人民出版社2000年版，第56—57页。
[2] 《马克思恩格斯选集》第1卷，人民出版社1995年版，第42页。

然；另一方面，人作为实践的主体，又要根据自身的需要，积极能动地改造自然，使其适合于人的需要。由于自然界具有不以人的意志为转移的客观规律性，因而人在与自然的交往中要受其客观规律的制约和影响。如果人类不遵循自然规律，不按规律办事，只是一味地过度向自然索取，打破自然界内部的生态平衡，那就必然会遭到自然界的报复。恩格斯曾经告诫人类："我们不要过分陶醉于我们人类对自然界的胜利。对于每一次这样的胜利，自然界都对我们进行报复。每一次胜利，起初确实取得了我们预期的结果，但是往后和再往后却发生完全不同的、出乎预料的影响，常常把最初的结果又消除了。"① 这表明人类必须正确理解自然规律，充分认识到人类与自然界的辩证统一关系。同时，强调了人类的劳动实践不能随心所欲，否则将要自食其果。因此，马克思恩格斯深刻揭示了人对自然既具有能动性，又具有受动性，由此，人类发展必须遵循自然规律，实现人与自然的和谐统一，才能使人自身得到更好的发展。

（三）人与自然的关系离不开人与人的社会关系

在《德意志意识形态》这部著作中，马克思从历史的角度考察了人与自然之间微妙的关系。他指出："历史可以从两方面来考察，可以把它划分为自然史和人类史。但这两方面是不可分割的；只要有人存在，自然史和人类史就彼此相互制约。"② 这说明人与自然的关系受到了人与人的社会关系的制约，人的对象性活动的客观存在是以自然现实为基础的。由于人类的实践活动具有社会历史性的特

---

① 《马克思恩格斯文集》第9卷，人民出版社2009年版，第559—560页。
② 《马克思恩格斯选集》第1卷，人民出版社1995年版，第66页。

点，因而人类改造自然的性质、方式、结果等状态要受其一定社会关系的制约和影响，因而我们不能脱离人的社会关系来看待人与自然的关系。为此，在《资本论》中，马克思通过对资本主义生产方式的深入探究，敏锐地洞察到了自然生态环境以及工人生活环境的破坏是由资本主义制度所引起的。在马克思看来，环境危机的实质就是资本主义制度危机，资本主义制度是罪魁祸首。马克思指出："劳动首先是人和自然之间的过程，是人以自身的活动来中介、调整和控制人和自然之间的物质变换的过程。"① 也就是说，人是作为与自然之间物质交换的中介并对其进行调整和控制的。马克思又指出："资本主义生产使它汇聚在各大中心的城市人口越来越占优势，这样一来，它一方面聚集着社会的历史动力，另一方面又破坏着人和土地之间的物质变换，也就是使人以衣食形式消费掉的土地的组成部分不能回归土地，从而破坏土地持久肥力的永恒的自然条件。这样，它同时就破坏城市工人的身体健康和农村工人的精神生活。"② 这深刻表明了劳动生产力的提高程度与劳动力的破坏程度是成正比的，资本主义的工业文明是以自然的破坏为代价的。马克思从实践唯物主义出发，将自然生态问题纳入资本主义社会中，重新审视资本主义生产对人与自然之间的物质变换造成的扰乱，揭示了资本主义制度的弊端。因此，以追求利润最大化而造成环境破坏的资本主义生产方式是造成生态危机的罪魁祸首。马克思恩格斯认为，要合理调节人与自然的物质变换，必须对资本主义制度进行彻底变革，建立一种将人与自然的关系放在合理位置的社会制度，这就是共产主义

---

① 《马克思恩格斯选集》第 1 卷，人民出版社 1995 年版，第 77 页。
② 马克思：《资本论》第 1 卷，人民出版社 2004 年版，第 579 页。

社会。

二、确立马克思主义生态观的必要性

（一）提高青年学生的生态文明意识，促进青年学生的全面发展

马克思认为，人的全面发展是"人以一种全面的方式，也就是说，作为一个完整的人，占有自己的全面的本质"① 并把人的全面发展看作是人类奋斗的理想目标。马克思这里说的全面占有自己的本质，就是指人在社会实践活动中创造出人与自然、人与社会和人与自己的全面关系，由此全面创造自己的本质，推动人的全面发展。生态危机是在人类改造自然过程中形成的，体现了人类实践活动的负效应。这种负效应从根本上说，是由于人对自己在世界中的地位、作用、职责等方面的片面认识，由此不能正确认识和处理人与自然的关系而造成的，体现了人的本质力量及其发展的片面性。要从根本上消除生态危机，就要求人们在实践中遵循真、善、美相统一的原则，自觉地把主体的内在尺度与客体的外在尺度有机结合，既能按照人自身的理想、需要、目的、意志、知识、能力和才干来改造自然，又能根据自然的内在本性、发展规律、现实条件来塑造自身，全面而自由地实现人的自然化和自然的人化，从根本上消除人与自然的片面对抗，在人与自然的和谐发展中显示出人的本质的全面发展。通过生态观教育，可以帮助青年学生从人与自然的关系角度来

---

① 《马克思恩格斯全集》第42卷，人民出版社1979年版，第123页。

正确认识人类在世界中的地位、作用、职责，克服人与自然的片面性，形成人与自然的全面关系，自觉形成一种人与自然共存荣的道德关怀，学会尊重自然、敬畏自然，在不断丰富和完善对人的本质力量的认识中，通过生态文明建设，促进人的全面发展。

（二）丰富思想政治教育的内容，增强教育教学的针对性与实效性

思想政治教育是一个综合系统，涉及多方面内容的活动，同其他理论体系有着密切关系，不仅与马克思主义基本原理息息相关，更同中国特色社会主义理论方面相联系。马克思主义理论是社会主义核心价值观的核心内容，加强对青年学生马克思主义理论的教育有利于青年学生充分利用马克思主义立场、观点和方法更好地认识社会、认识自我，正确地解决社会生活中遇到的问题，由此树立正确的世界观、人生观和价值观。高校思想政治教育教学要反映时代要求，紧随时代发展，使其具有时代感召力，面对生态危机全球化的严峻现实，就必须让生态观教育成为马克思主义理论教育教学的重要内容。在思想政治教育教学中，结合马克思主义基本原理，向青年学生讲授生态价值观、生态法制观、生态消费观、生态伦理观等内容，可以进一步扩展高校思想政治教育教学的视野，丰富教育教学内容，彰显马克思主义的理论张力和现实的解析力。同时，结合中国传统文化的生态智慧讲授马克思主义生态观，可以加深马克思主义与人类文化的紧密联系，彰显马克思主义的当代价值，在丰富的教学资源中深化对马克思主义的认识。理论联系实际是马克思主义的学风，这就要求高校思想政治教育教学要贴近社会、贴近生活，联系当代社会发展的重大实际问题，并在回答这些问题中彰显

马克思主义的科学性、真理性，让学生在实践中真学、真懂、真信马克思主义。生态问题是当今人类社会面临的重大社会问题，通过马克思主义生态观教育，引导青年学生学会从生态文明的视角来认识资本主义的历史发展进程，认识中国特色社会主义的发展现状，认识共产主义的美好远景，进而增强高校思想政治教育教学的针对性与实效性。

三、坚持马克思主义的生态观，和谐共存

（一）运用马克思主义生态观，在开放性和批判性相统一的思维中解读西方生态思想

西方国家工业化进程及其对生态环境的影响、破坏比我国早，因而西方国家对生态问题的研究起步比我国早，一些生态思想以人类面临的日益严重的生态危机为切入点，在批判资本主义生产方式弊端的基础上，通过对现代人类生存、生活方式，生产方式，特别是社会制度的深度反思，对未来社会的发展思路、发展方式和经济、政治等发展着力点等方面提出了一系列独具特色的理论构想。大学生应运用马克思主义基本原理辩证把握生态社会主义的理论贡献与历史局限性，充分吸取西方国家对生态环境保护的经验与教训，批判性地借鉴西方哲学家合理的生态思想，树立正确的马克思主义生态观。首先要看到，西方生态思想的理论贡献。西方生态思想基于当代生态困境进行的反思和探求，其中不乏合理新颖的理论观点，对于当代中国青年思考环境与发展的关系，提供了独特的精神资源和视野参照。有助于青年理解生态危机产生的本质与根源。一些西

方生态思想者通过生态危机的表象，透过资本主义制度对人和自然的严重戕害的实质，揭示了生态危机产生的根源是根本制度的问题，而不是技术发展的问题。西方生态思想还从全球视野的角度揭示了全球生态危机是资本主义"生态帝国主义"畸形扩张的必然结果。这为当代青年在新的历史条件下认识国际垄断资本主义的弊端，反观我们社会主义国家提出的加快建设环境友好型社会、资源节约型社会，为全球生态安全做出新贡献的执政思路，感悟认识中国特色社会主义的优越性提供了新的视角。其次，要理性认识到西方生态思想的历史局限性。在资本主义的基本矛盾问题上，夸大人与自然的矛盾。马克思主义政治经济学揭示了资本主义的基本矛盾是资本主义生产社会化与生产资料私有制之间的矛盾。而西方生态思想把人与自然关系恶化导致的生态危机作为资本主义社会的主要矛盾，以人与自然的张力矛盾替代了资本主义社会的基本矛盾。这容易在很大程度上导致我国青年对资本主义社会矛盾的错误认识，认为人与自然之间张力形成的矛盾是资本主义社会主要矛盾的观点，从而否定资产阶级与无产阶级的矛盾依然是资本主义社会基本矛盾集中体现的事实，进而产生取消社会革命的思想。这种认识上的偏差和误区，容易使当代青年单向度地、表象性地认识资本主义社会的基本矛盾，缺乏对其深刻性的、本质性的理解，最终导致淡化意识形态教育的思维误区。

（二）运用马克思主义生态观，在开放性和批判性相统一的思维中扬弃生态社会主义思潮

马克思主义虽然没有提出明确的绿色发展观，但有关马克思主义哲学、马克思主义政治经济学和科学社会主义的经典论述中，蕴

含着深刻而丰富的绿色发展思想。如马克思在《1844 年经济学哲学手稿》中提出，社会是人与自然的辩证的统一体。《哥达纲领批判》中指出：生态危机是资本主义发展固有的逻辑结果。这些思想充分体现了唯物论和辩证法的统一，唯物主义自然观和历史观的统一，是指导中国青年认识各种生态思想和流派的科学方法论。西方一些生态思想如生态社会主义思潮是在马克思主义启发下形成的思潮，借鉴了马克思主义的人性论、系统观、实践观和唯物史观，虽然对资本主义的批判视角和批判内容方面与科学社会主义有很多相似之处，但很多观点已然偏离了科学社会主义的轨道。所以中国青年科学地、完整地、客观地分析生态社会主义等社会思潮，必须确立马克思主义的绿色发展观，否则就可能被生态社会主义思潮所宣扬的一些错误观点所误导，最终导致对科学社会主义与中国特色社会主义的信仰危机。对此，青年学生要主动运用马克思主义基本原理提高生态理论素养。当代青年生态理论素养的培养不仅要借助于以培养人与自然和谐发展理念、人类的生态责任意识等为主要内容的传统生态教育，更要顺应时代发展的要求，主动顺应世界发展大势、时代发展潮流，主动拓宽视野，将现代的、崭新的生态观念、生态意识纳入生态教育的体系中来。使青年的生态教育实现中国向度与世界向度的统一。在当代国外的社会思潮中，除了西方生态思想、未来主义之外，关于生态问题研究的思潮和学派纷繁众多。这既为中国青年的生态理论素养的提高提供了丰富的素材，也给中国青年正确生态理论素养的形成带来了极大的挑战。对此，中国青年学生应主动建构马克思主义分析问题的科学思维，提高辨别社会思潮的能力。首先，青年要系统把握各种生态主义思潮的发展轨迹与历程，理解各种社会思潮的基本主张，批判性地探究其理论价值与历史局限性，而不是浅层解读与感性认知。通过对社会思潮系统的逻辑梳理和深层的学术审视，在广阔的时空之维理性关注人与自然、人与社会的现实与未来，进而实现拓宽生态理论视野、增强生态责任意识、充分发挥思想政治理论课主渠道的作用。

（三）发挥高校思想政治理论课主渠道作用

高校思想政治理论课承担着传播社会主义核心价值观的重任，因而加强大学生马克思主义生态观教育要充分发挥思想政治理论课主渠道的作用，这不仅是高校生态文明教育的内在要求，同时也是增强高校思想政治理论课教育教学实效性的客观要求。

1. 通过《马克思主义基本原理概论》课教学，帮助青年学生把握马克思主义生态观的基本内容。

"马克思主义基本原理概论"的主要任务是帮助青年大学生从整体上把握马克思主义的基本立场、基本观点和基本方法，帮助大学生树立正确的世界观、人生观和价值观。在马克思主义基本原理中，蕴含着丰富的生态文明思想，思想政治理论课教师通过有目的地梳理和展示，可以帮助青年学生在正确的世界观、人生观和价值观的指导下，建立起科学的生态观。在唯物论教学中，联系生态问题，通过马克思主义实践观的分析，让青年学生在了解人类实践活动的特点、效应、原则等内容的基础上，正确认识和把握人与自然的辩证关系；通过物质与意识的辩证关系的分析，让青年学生在了解人对物质世界的依赖性和受动性，以及人对物质世界的能动性和创造性的基础上，辩证地把握人与自然的关系。在辩证法教学中，联系生态问题，通过辩证法联系和发展的基本特征的分析，让青年学生认识人类社会与自然界的内在联系，在此基础上建立起科学的生态思维方式；通过对立统一规律的分析，让大学生在了解人类社会与自然界既对立又统一的辩证关系的基础上，通过矛盾分析法，正确认识和处理人与自然的矛盾。在认识论教学中，联系生态问题，通过认识与实践的关系分析，让青年学生了解，对生态问题的认识源于人类社会实践的需要，对生态问题的解决也必须立足于人类的社会实践；通过人类认识运动基本规律的分析，让大学生了解人类从自然中心主义到人类中心主义，再到生态中心主义认识的辩证发展过程，扩展对人与自然关系的认识。在唯物史观教学中，联系生态问题，通过生产力与生产关系矛盾运动规律的分析，让大学生了解，作为社会发展最终决定力量的生产力，是在人与自然、人与社会的关系中生成和发展的，在此基础上使大学生认识到，只有正确处理好人与自然、人与社会的关系，才能促进生产力的发展；通过科学技术是第一生产力的分析，让青年学生认识科学技术对自然、对人类社会生活产生的促进和破坏的双重作用，帮助大学生树立科学精神与人文精神的统一；通过人的本质和发展的分析，让青年学生了解人的解放与发展不能脱离涵育生态保护情怀、培育生态道德人格，提升生态理论素养的目标。人与自然、人与社会的双重关系，人对自然的认识、态度，在一定程度上反映了人的发展程度，因而正确认识和处理人与自然的关系，是人的全面发展的内在要求。

2. 通过《毛泽东思想和中国特色社会主义理论体系概论》课教学，帮助大学生提高参与生态文明建设的积极性。

"毛泽东思想和中国特色社会主义理论体系概论"的主要任务是帮助大学生正确把握马克思主义中国化的历史进程及其理论成果，

从而增强大学生对中国特色社会主义的理论自信、道路自信和制度自信以及文化自信。在毛泽东思想和中国特色社会主义理论体系中，蕴含着丰富的生态思想，通过教学展示其丰富的内容，可以帮助大学生更好地认识我国生态环境的现实问题，激发大学生自觉参与生态文明建设的积极性。结合"社会主义的本质和根本任务"的教学，通过阐述"发展才是硬道理"部分，揭示发展的实质应是可持续发展，由此涉及生态问题。这种可持续发展是以追求经济又好又快发展为前提，追求人与自然和谐共处，共生共荣，进而帮助大学生正确认识到实现可持续发展道路的关键所在是进行生态文明建设；结合"社会主义初级阶段理论"的教学，通过阐述在"初级阶段"生态问题存在并可能长期存在的原因以及严峻性，生态建设的迫切性的分析，让大学生产生一种居安思危的意识，深刻认识到生态文明建设任重道远，我们需要不懈地共同努力。结合"建设中国特色社会主义经济"一章的教学，揭示"乡村振兴战略""建设资源节约、环境友好型社会"中涉及的生态内容，引导大学生领会绿色生产的要求和方式，从而转变传统生产观念。结合"建设中国特色社会主义政治"一章的教学，通过阐述"依法治国，建设社会主义法治国家"部分，揭示建立环保立法的意义，帮助大学生树立生态法律意识，明确我们在生态环保中所承担的责任，所具有的权利和应尽的义务，并学会运用相关的法律法规来维护和保障自身应享有的生态环境权益。结合"建设中国特色社会主义文化"一章的教学，通过阐述"加强思想道德建设"部分，揭示加强生态伦理道德建设的内容及意义，提高大学生对生态文化的认同，牢固树立起生态文化意识，并帮助大学生树立起对大自然的道德责任感和义务感，自觉将生态环保意识内化为人人参与的生态环保行为。结合"构建社会主义和谐社会"一章的教学，通过阐述转变、完善社会发展观念和模式，构建以和谐社会为主导的健康文明社会风气等方面所涉及的生态内容，鼓励大学生从点滴做起，从身边做起，勤俭节约，绿色出行，杜绝资源浪费和环境破坏。

3. 通过《思想道德修养与法律基础》课教学，帮助大学生树立马克思主义生态伦理观。

"思想道德修养与法律基础"的主要任务是对大学生进行社会主义道德和法制教育，帮助大学生树立社会主义道德法律意识，从思想上严格要求自己，行为上严格约束自己，做一个懂道德、守法律的新时代青年。在这些教学内容中，包含着许多生态伦理道德和生态法律规范的内容，因此，必须通过"基础"课加强大学生生态文明的道德法制教育，帮助大学生树立生态道德伦理观和生态法制观，从而增强大学生的生态道德意识及法律自觉。在"基础"课的教学内容中，不乏马克思主义生态伦理意蕴。例如关于爱国主义的基本要求、反对个人主义的人生价值观、继承和弘扬中华民族优良道德传统、遵守生态道德基本规范等内容中处处体现出马克思主义生态伦理思想的要求。通过教学，我们可以进一步激发大学生热爱大自然的激情，强化他们保护、善待自然的责任，自觉将对大自然的热爱和尊重作为生态道德素质的基本要求，能形成自觉履行对生态环境保护的道德行为。与此同时，在法制教育方面，不仅要培养大学生生态法律意识，让他们充分了解环境保护的法律法规，还可以结合权利、责任、安全、正义等方面来进行生态法制教育。例如通过对生态权利的阐述，让大学生认识到生态权利是自然界所有生物的权利，强调人类不能以牺牲其他生物的权利而满足自身利益；通过对生态责任的阐述，在提高大学生法律素养的同时，强化大学生生态法制观念和生态责任感；通过对生态安全的阐述，帮助大学生更加深入地认识生态安全对人类生存和发展的重要价值，从而提高大学生解决和防护环境问题的能力；通过对生态正义的阐述，唤醒大学生维护生态环境的正义感，并在学习和生活中时刻以法律的标尺来衡量他人和自己的生态行为。

第八章 马克思主义的历史观

一、马克思主义历史观的主要内容

马克思主义历史观是指用辩证的观点和方法来研究人类社会历史现象及其发展规律的科学的历史观。它是马克思主义对人类社会发展普遍规律的科学阐释，是在历史长河中经受过科学检验的历史观。马克思主义历史观教育是无产阶级政党为了帮助人民大众形成科学的历史观所进行的形式多样化的唯物史观原理教育和历史知识的教育，对引导青年学生正确地看待社会、看待人生，分析社会历史现象具有重要的意义。

二、确立马克思主义历史观的必要性

青年学生作为一个特殊的知识分子群体，对未来整个社会发展起到重要支撑作用，用马克思主义历史观武装青年学生的精神世界不仅关系青年学生的健康成长，也关系着党和国家的前途。加强马

克思主义历史观教育是促使青年学生正确看待历史现象、解决社会和人生问题的根本性举措,促使青年学生形成科学的历史观、坚定的政治信仰、强烈的民族文化认同感、正确的人生价值观。

列宁曾指出:青年学生之所以可以被称之为知识分子,"就是因为他们最有意识、最彻底、最准确地反映和表现了整个社会的阶级利益的发展和政治派别的发展"①。青年学生若想成为社会发展的积极的主导力量,则必须顺应时代发展的潮流,用马克思主义历史观观察社会历史现象、解决社会和人生问题。改革开放以来,全球化的经济、多元化的文化存在于开放的社会环境之中,各种社会思潮潜移默化地对青年学生造成一些负面的影响,马克思主义历史观教育对于当代青年学生来说显得尤为重要。

(一)引导青年学生规避错误的历史观,形成科学的历史观

科学的历史观即马克思主义唯物史观,是运用唯物辩证的观点来研究人类社会历史现象及其发展的方法。加强马克思主义历史观教育是促使青年学生形成科学的历史观的根本途径。改革开放以来,在物质文明丰富的同时人们的思想价值观念受到不同程度地冲击和侵袭。全球一体化的经济形势、网络新媒体的文化传播途径、多样性的文化载体为一些错误历史观的侵入提供了可乘之机。青年学生是社会群体中具有富于激情、易被鼓动、思想活跃却未完全成熟等特性的知识分子群体,对社会历史现象的把握还不够准确,常常伴随主观臆断性。从当前看,大学校园是历史虚无主义思潮传播的重要阵地,由于历史虚无主义是唯心主义历史观在新的历史条件下的

---

① 《列宁全集》第7卷,人民出版社1986年版,第30页。

复活和再版，因而这就很容易通过学术渗透和传媒渗透等方式影响青年学生的历史观，使其对历史的认识呈现出模糊偏颇甚至扭曲错误的倾向。

（二）指导青年学生脱离政治信仰迷茫，形成坚定的政治信仰

马克思主义历史观教育旨在通过促使青年学生准确地了解社会历史过程，尤其是近代社会历史发展、演进的过程，以坚定青年学生对党和国家的政治信仰。正如习近平指出，"历史是最好的教科书"，"学习党史、国史，是坚持和发展中国特色社会主义、把党和国家各项事业继续推向前进的必修课"①。目前西方国家利用其经济优势不断对我国进行文化渗透和思想渗透，除此之外，近年来，西方国家通过宗教渗透，将其资产阶级意识形态和文化理念强制灌输给中国。大学校园中出现了宗教文化的追随者，有的学生甚至成为虔诚的宗教信仰者。在这种意义上看，西方国家在文化和思想领域的渗透容易使部分青年学生的政治信仰陷于迷茫，因而亟须马克思主义历史观的指导。

（三）提升青年学生的文化自信，增强民族文化认同感

坚持马克思主义历史观指导，有利于提升青年学生的民族文化认同和文化自信。马克思主义历史观指导下的民族文化观是对几千年来中华民族自强不息、英勇奋进，共同创造源远流长和博大精深的中华历史和文化的客观的真实的反映。传统文化蕴含着丰富价值并潜移默化地影响着我国政治、经济等各个层面，在世界文明中占

---

① 《党史和国史是各项事业推向前进的必修课》，载《人民日报》，2013年6月27日，第一版。

有重要地位。只有坚持用马克思主义的历史观做指导,青年学生才能真正看到传统文化的本质,才能认识到传统文化所具有的引领世界文化潮流的积极意义,才能使青年学生在错误的历史观思潮中回归对传统文化的正确认识,增强文化自信,形成民族文化的认同感。

(四) 完善青年学生的人生选择,形成正确的人生价值观

加强马克思主义历史观教育还有利于帮助青年学生形成正确的人生价值观。人生价值观是人们对人生的目的、意义、价值的根本看法和根本态度,是回答和解释人作为世界和社会历史的主体在世界和社会历史的发展过程中具有何种地位和价值。首先,历史观一定程度上对人生观起到决定作用,有什么样的历史观就有什么样的人生观。在唯心主义历史观的影响下,人们必然形成以利己主义为原则的个人主义人生观,与之相反,马克思主义的历史观作为唯物主义的科学的历史观,则促使青年学生形成以集体主义为原则的共产主义人生观。其次,坚持马克思主义历史观,有利于形成符合历史发展趋势的人生价值观。马克思主义历史观可以在总结客观历史规律的前提下,对历史发展趋势的演进进行科学的预测,在此基础上所形成的人生观,一定是符合历史发展趋势的人生观。最后,马克思主义历史观可以为青年学生人生价值观奠定科学的基础,形成科学的人生观。列宁曾指出,旧历史观相对于马克思主义历史观来说具有两个致命缺陷:第一,旧的历史理论最多是考察了人们进行历史活动的动机,没有看到社会体系发展的客观规律,没有看出"物质生产发展程度是这种关系的根源";第二,旧的历史理论脱离

了"群众的活动"①。正是因为旧历史观在人生问题的认识和实践上具有极大的局限性,因而未能使人形成科学的人生价值观。

(五)消解青年学生马克思主义历史观教育的困境

1. 部分青年学生对马克思主义历史观教育的重要性缺乏足够的认识

当前部分青年学生缺乏对马克思主义历史观教育重要性的认识,主要表现在以下几个方面:首先是部分青年学生认为马克思主义历史观教育对自身专业学习、就业和以后的发展并无太多效用,因而在主观上缺乏对马克思主义历史观相关课程学习的主动性和积极性。其次,部分青年学生视专业知识是否扎实为其学习要求是否达标的唯一目的,将马克思主义历史观相关知识的学习看作为学习专业知识的附属。主观上的消极对待,是当前部分青年学生对马克思主义历史观教育的重要性认识缺乏的最直接反映。最后,部分学生对思想政治理论课不够重视。思想政治理论课是青年学生马克思主义历史观教育最重要的渠道,是当前青年学生对马克思主义理论全面系统的学习的最主要途径。用马克思主义历史观武装青年学生头脑,是党的教育方针的重要体现。如果学生对思想政治理论课不够重视,则会在很大程度上消解马克思主义历史观教育的效果。

2. 一些青年学生缺乏对马克思主义历史观有关知识的实际运用能力

马克思主义历史观认为实践是认识的来源,是认识发展的动力,是检验认识正确与否的唯一标准。因而马克思主义历史观也是实践

---

① 《列宁选集》第2卷,人民出版社1995年版,第425页。

的产物，而不是凭空而生的。高校的马克思主义历史观教育也需要青年学生在实践活动中通过理论联系实际、认识指导实践、实践检验认识等交互活动中形成真正的科学的历史观。恩格斯曾说过，"如果不把唯物主义方法当作研究历史的指南，而把它当作成现成的公式"，"那它就会转变为自己的对立物"。① 当前青年学生马克思主义历史观教育的更重要问题是学生缺乏运用理论指导实际的能力，大多数学生对理论的把握存在死记硬背的倾向，总是对相关概念及原理的记忆较为深刻，可是一旦涉及原理的进一步运用，却又变得困难。

3. 马克思主义历史观教育易受不良社会思潮的冲击影响

青年学生作为社会特殊知识分子群体，思想较为单纯，世界观、人生观、价值观还未根本成型。青年学生作为马克思主义历史观教育的对象，在开放的社会环境中不自觉地受多方面因素的影响。最明显的就是在马克思主义历史观教育过程中易受历史虚无主义等错误思潮的影响，对中国历史运用批评的态度加以重新审视，以形而上学的孤立的方式，片面曲解中国近现代历史事件和重要历史人物，意图攻击党的领导和社会主义道路，否定中国近代革命历史，探索西方国家的资本主义道路，这一思潮对涉世未深、判断力较为缺乏的青年学生群体来说，具有一定的迷惑作用。如果受其不良影响，青年学生容易忽视马克思主义历史观教育，形成错误的世界观、人生观、价值观。

---

① 《马克思恩格斯选集》第4卷，人民出版社1995年版，第688页。

三、坚持马克思主义的历史观，清醒理智

（一）反对历史虚无主义思潮

当前，历史虚无主义对青年学生的历史观产生了严重影响。历史虚无主义者罔顾事实，打着"解放思想""重新评价"等旗号，极力扭曲中华民族的历史，他们自诩公正，往往抓住碎片化的历史现象，提出标新立异的结论，混淆是非、颠倒黑白。比如将慈禧、袁世凯等当成忧国忧民的"悲剧英雄"等。如果青年学生缺乏正确历史观的引导，这些历史虚无主义就会在一定程度上影响他们的民族观、政治观和社会观，产生思想道德真空。马克思主义历史观是正确认识历史的方法论，在秉持历史研究中实事求是的根本原则上，体现客观分析的研究方法。马克思主义历史观指出历史观是人们对社会历史根本观点和看法，马克思主义唯物史观为人们观察社会历史提供根本科学方法论。因此，以马克思主义唯物史观为方法论，对青年学生进行历史观教育，有助于青年学生树立牢固的科学历史观。马克思主义历史观教育是实现青年学生思想政治教育工作实效性的基础性工作，它对于青年学生增强实现中华民族伟大复兴的历史使命感和责任感，理性看待国家和民族的前途命运，明确自身所肩负的历史责任，更好地适应社会的发展，为中华民族伟大复兴的中国梦而奋斗具有重大作用。

（二）同各种反马克思主义的历史观进行斗争

改革开放后我国所有制结构发生重大改变，为各类社会思潮和

一些不良思想传入我国提供了契机。宽松的社会经济、政治、文化环境虽然使人们的思想得到解放，也为西方一些不良思想的侵入提供了可能性。随着改革开放进一步深入，我国对政治、教育、医疗卫生体制等领域的改革不断加大，人们思想意识日趋多元化、多样化和复杂化，各种反马克思主义的历史观如雨后春笋纷纷显现出来。历史终结论、文明冲突论、历史虚无主义等西方社会思潮的不断蔓延，使一些人的思想意识产生迷茫。因此，我们应该清醒地认识到一些不良的西方社会思潮对人民群众思想观念上的危害，不断地加强马克思主义历史观教育，坚决与一切反马克思主义的历史观进行斗争。

改革开放四十年的实践证明，只有将马克思主义历史观的理论经过中国改革开放的实践检验，才能科学地、完整地回答改革开放中出现的各类问题，也才能真正有效引领人们的思想意识，实现同各种反马克思主义的历史观进行斗争的最终胜利。

（三）建设马克思主义历史观教育的网络平台

高校要积极将网络文化广泛运用于校园文化建设，利用革命纪念日、重大节庆活动，创建红色网站等，开辟马克思主义历史观教育新的教育途径。首先，在该网络平台设立马克思主义历史观教育视频课程，使青年学生可以有针对性地学习相关理论知识。其次，开设马克思主义历史观教育论坛，使青年学生在互相交流的过程中潜移默化地学习和接受马克思主义历史观。最后，思想政治理论教师可以以班级为单位建立QQ群、微信群，随时随地与同学进行社会发展历史的看法和观点的互动，解决对社会历史或事件的困惑，防止不良社会思潮对青年学生的影响，进而通过这种网络互动交流来引导学生运用马克思主义主义历史观来武装自己和分析社会,引导青年学生规避错误的历史观,形成科学的历史观。

(四) 在实践中深化马克思主义历史观认知

青年学生一方面要努力学习正确运用马克思主义唯物史观认识历史事件与历史人物,另一方面要主动参加学校组织的专题实践教育或社会实践活动,如重走长征路,回望历史,寻找抗战老兵,爱国主义教育系列活动等,在实践中深化对马克思主义历史观教育相关理论的认识,并在实践中运用相关原理解决现实中困惑与疑问。同时,要积极关注党和国家的关注点。十八大以来,习近平总书记系列重要讲话的一个突出特点是具有深刻的历史思维,他阐述了历史是什么、历史的重要性、怎样传承历史、怎样学习历史,这些内容中蕴含着科学历史观,党和国家针对历史观提出了新的思想,也指明了关注点。青年学生要正确认识和把握中国特色社会主义的历史必然性;通过中国特色和国际比较,全面认识当代中国,正确看待外部世界、对待历史遗产,正确对待社会现实,认识到中国特色社会主义已进入新时代,近代以来久经磨难的中华民族迎来了从站起来、富起来到强起来的伟大飞跃,迎来了实现中华民族伟大复兴的光明前景;认识到科学社会主义在二十一世纪的中国焕发出强大生机活力,在世界上高高举起了中国特色社会主义伟大旗帜;认识到中国特色社会主义道路、理论、制度、文化不断发展,拓展了发展中国家走向现代化的途径,给世界上那些既希望加快发展又希望保持自身独立性的国家和民族提供了全新选择,为解决人类问题贡献了中国智慧和中国方案。

第九章　马克思主义的职业观

一、马克思主义职业观的主要内容

（一）唯物史观是马克思主义职业观的基础

社会存在决定社会意识。马克思和恩格斯在批判资本主义社会职业观的同时，也对未来社会也就是共产主义社会，人们应该持有怎样的职业观念进行了建构。一是关于劳动光荣的观念。首先，对于劳动在从猿到人的进化当中的精辟论述，表明了他们对于劳动至高无上的尊崇态度。恩格斯断言："劳动创造了人本身。"[①] 马克思在《政治经济学批判》中引用了威廉·配第的话："劳动是财富之父，土地是财富之母。"再次，劳动改变了人与自然的关系，马克思在《给工人议会的信》中说："工人阶级征服了自然。"最后，也是最为重要的是，劳动为工人阶级的最终解放创造了条件："工人阶级以不懈的毅力、流血流汗、尽脑汁，为使劳动变成高尚的事业并把

[①] 《马克思恩格斯全集》第 13 卷，人民出版社 1995 年版，第 24 页。

劳动生产率提高到能造成产品普遍丰富的水平创造了物质前提。"①
二是关于职业平等的思想。马克思和恩格斯承认职业之间的差别，承认社会分工的客观性，与此同时，认为面对劳动，所有职业都是平等的。他们经常使用"无差别的人类劳动"一词。他们认为，在共产主义社会中劳动是人的第一需要，那样就取消了一切职业的高低贵贱之分。伟大的巴黎公社在马克思有生之年就进行了关于社会主义的第一次伟大实践。在那里，马克思主义关于职业平等的思想成为了现实。"从公社委员起，自上至下一切公职人员，都只应领取相当于工人工资的薪金。"②薪酬的平等是职业平等的基础，阶级的平等是职业平等的实质。"劳动一被解放，大家都会变成工人，于是生产劳动就不再是某一个阶级的属性了。"③ 三是关于人的全面发展的设想。在共产主义社会里，任何人都没有特定的活动范围，"每个人都可以在任何部门内发展，社会调节着整个生产，因而使我有可能随我自己的心愿今天干这事，明天干那事，上午打猎，下午捕鱼，傍晚从事畜牧，晚饭后从事批判，但并不因此就使我成为一个猎人、渔夫、牧人或批判者"④，人的自由是全面发展的前提。首先，每个人都有权利去接受全面的教育，有权利接受任何复杂职业技能的训练。在资本主义社会里，资产阶级子弟垄断了接受高等教育和复杂职业技术训练的机会，制造种种壁垒把无产阶级子弟排斥在外，通过高昂的教育成本来垄断文化资源进而垄断高等级职业资格，如高级经理人、律师等中产阶级职位。在共产主义社会这个职业垄断的

---

① 《马克思恩格斯全集》第14卷，人民出版社1995年版，第133页。
② 《马克思恩格斯全集》第17卷，人民出版社1995年版，第358页。
③ 《马克思恩格斯全集》第17卷，人民出版社1995年版，第362页。
④ 《马克思恩格斯全集》第3卷，人民出版社1995年版，第37页。

前提不存在了，教育机会是均等的，教育成本由全社会共同承担。其次，人不再受具体职业身份的限制，每一个个体都真正成为了他自己，而不是具体包装下的某某工程师或者某某推销员。到那时，劳动真正成为了人类的劳动，作为具体劳动而被承认，作为人类成就而被承认，并非是资本主义社会作为商品的劳动。人们在劳动能够获得社会承认的前提下必然激发出强大的劳动热情，必将能为社会贡献出自己的所有聪明才智。当然，受所处时代的限制，马克思没有设想未来社会对"真正的人类劳动"予以承认的具体形式，我们也不好妄自猜度。但马克思的论述，给我们提供了建构社会主义社会职业观的思路，那就是职业不能剥夺个人发展自由。

（二）择业成功的标准在于能否为全人类的解放事业而奋斗

从马克思和恩格斯本人的经历来看，他们也经历了择业和思考何为成功、何为幸福的过程。马克思的父亲最初对他的期望是希望他能成为一名律师，但马克思对哲学产生了浓厚的兴趣，志向高远，他认为"在选择职业时，我们应该遵循的主要方针是人类的幸福和我们自身的完美"[①]，最终马克思的父亲支持了他的这个择业决定。恩格斯的职业历程远比马克思要复杂，如果说马克思是职业革命家，恩格斯则在很长一段时间是兼职的，他一直要从事"该死的生意"，用经营的收获为自己和马克思一家安排物质生活。但恩格斯只要一有机会就投身于伟大的革命实践，同时也进行研究工作，恩格斯认为投身革命工作才是真正的工作。他说："我喜欢这种劳动，因为我

---

① 《马克思恩格斯全集》第1卷，人民出版社1995年版，第459页。

又和我的老朋友在一起了。"① 经过对马克思、恩格斯个人职业生活的考察，可以对他们的择业标准归纳如下：第一，在争取重要关系人支持的前提下按照自己的兴趣选择人生方向；第二，在解决了个人生存的经济压力前提下，按照自己的社会理想投身社会改造的伟大实践。五是关于"成功"的标准。马克思和恩格斯没有为个人的成功下过定义，甚至他们不屑于谈论个人的成功，他们始终认为为全人类的解放事业而奋斗才是真正的成功，只有全人类最后的解放才能让所有人获得真正的成功。恩格斯在马克思的墓前这样评价他的挚友："他可能有过许多敌人，但未必有一个私敌。"② 首先，马克思主义认为，成功并不仅仅取决于个人最终可能的成就，更主要的是个人奋斗的目的和社会价值。马克思认为职业的方向性是成功的基础，即"为了谁"的问题至关重要。"人只有为自己同时代的人完善，为他们的幸福而工作，他才能达到自身的完善。"③ "科学绝不是一种自私自利的享乐。有幸能够致力于科学研究的人，首先应该拿自己的学识为人类服务。"④ 其次，职业的成功标志不是获得金钱。"作家当然必须挣钱才能生活、写作，但是他绝不应该为了挣钱而生活，写作。"⑤ 马克思认为人只有在追求社会价值的过程中才能够实现个人价值的最大化。

---

① 《马克思恩格斯全集》第36卷，人民出版社1995年版，第28页。
② 《马克思恩格斯全集》第3卷，人民出版社1995年版，第777页。
③ 《马克思恩格斯全集》第1卷，人民出版社1995年版，第459页。
④ 宋洪训：《摩尔和将军（回忆马克思恩格斯）》，人民出版社1982年版，第89页。
⑤ 《马克思恩格斯全集》第3卷，人民出版社1995年版，第192页。

二、坚持马克思主义职业观的必要性

职业是历史的产物,有鲜明的时代特色,职业观亦然。不同的历史时期,人们对同一职业可能有着迥然相异的看法。职业观属于社会意识的范畴,其形成受历史条件、劳动方式和人的具体社会身份的制约。马克思说:"人们是自己的观念、思想等等的生产者,但这里所说的人们是现实的、从事活动的人们,他们受自己的生产力和与之相适应的交往的一定发展——直到交往的最遥远的形态——所制约。"① 一个时期人们的职业观对历史进程也有反作用。从宏观角度看,职业观可以影响社会的政治、经济、文化的结构和发展。从微观角度看,职业观影响个人的职业选择与职业发展路径选择。职业是连接个人与社会的纽带。马克思在年轻的时候曾经说职业不是先天形成的,职业观也一样。职业观在人们学习职业技能、形成职业身份的过程中逐渐形成。在青年学生职业观的形成过程中,教育,尤其是有目的的职业观教育具有重要作用。青年学生职业观教育不是简单的"个体对个体"的教育行为,而是一系列教育手段的综合作用,其根本目的是为社会主义培养合格建设者和可靠接班人。为此,对青年学生开展职业观教育必须坚持以马克思主义为指导,帮助其树立符合我国国情的社会主义职业观。因此,树立正确的择业观和创业观,对于青年学生顺利走进职业生活具有重要的现实意义。

---

① 《马克思恩格斯选集》第1卷,人民出版社1995年版,第72页。

三、坚持马克思主义职业观，敬业进取

（一）树立崇高的职业理想

职业活动不仅是人们谋生的手段，也是人们奉献社会、完善自身的必要条件。青年马克思在谈到选择职业理想时曾经写道："如果我们选择了最能为人类而工作的职业，那么，重担就不能把我们压倒，因为这是为大家做出的牺牲；那时我们所享受的就不是可怜的、有限的、自私的乐趣，我们的幸福将属于千百万人，我们的事业将悄然无声地存在下去，但是它会永远发挥作用，而面对我们的骨灰，高尚的人们将洒下热泪。"① 马克思这种崇高的职业理想，值得青年学生择业和创业时去学习和追求。

（二）坚持马克思主义职业观、理性选择与对待职业

服从社会发展的需要。择业和创业固然要考虑个人的兴趣和意愿，同时也要充分考虑现实的可能性和社会的需要，把自己对职业的期望与社会的需要、现实的可能结合起来。目前，许多地方的基层单位特别是中西部地区的人才需求意愿十分强烈，能够为青年学生提供施展才华的广阔空间。青年学生应该积极响应国家号召，适应社会发展需求，面向基层、面向国家建设第一线去选择自己未来的职业，为经济社会发展贡献智慧和力量。做好充分的择业准备，素质是立身之基，技能是立业之本。青年学生有了真才实学，才能在未来适应多种岗位。要有真才实学就要勤于学习，学文化、学科

---

① 《马克思恩格斯全集》第 1 卷，人民出版社 1995 年版，第 459 页。

学、学技能、学各方面知识，不断提高综合素质，练就过硬本领；既要向书本学习，也要向群众学习、向实践学习。青年学生应认识到，任何一名劳动者，无论从事的劳动技术含量如何，只要兢兢业业、精益求精，就一定能够造就闪光的人生。

（三）培养创业的勇气和能力

创业是通过发挥自己的主动性和创造性，开辟新的工作岗位、拓展职业活动范围、创造新业绩的实践过程。青年学生不仅要树立正确的择业观，还应当树立正确的创业观。要有积极创业的思想准备，积极关注经济社会发展的趋势，了解国家鼓励青年学生自主创业的有关政策，为今后自主创业打下良好的基础。要有敢于创业的勇气，只有勇敢地接受创业的挑战，破除依赖心理和胆怯心理，才能敢于创业、善于创业，做一个真正的创业者。要充分考虑自身的条件、创业的环境等各种现实的因素，努力提高自主创业的能力。

第十章　马克思主义的实践观

一、马克思主义实践观的主要内容

马克思主义实践观产生于 19 世纪 40 年代，它是马克思、恩格斯在近代科学技术进步、机器大工业生产蓬勃发展和无产阶级革命浪潮日益高涨的条件下，在批地吸收以往人类哲学思想的合理成分，特别是在批判地吸收和改造黑格尔和费尔巴哈实践观的基础上进行新的理论创造的伟大成果。习近平指出："马克思主义具有鲜明的实践品格，不仅致力于科学'解释世界'，而且致力于积极'改变世界'。"① 从马克思主义的内容来看，实践观点是马克思主义首要的和基本的观点，这一基本观点体现在马克思主义全部思想内容之中。马克思主义具有突出的实践精神，它始终强调理论与实践的统一，始终坚持与社会主义实际运动紧密结合。可以说，以马克思主义为指导的世界社会主义运动，本身就是马克思主义的实践形态。

---

① 习近平：《在哲学社会科学座谈会上的讲话》，人民出版社 2016 年版，第 9 页。

（一）实践的本质

马克思、恩格斯以前的中外哲学都使用过实践的概念，并作过很多论述。在中国古代哲学中，实践被称为"践行""实行"或"行"与"知"相对应，但主要是指道德伦理行为。在西方哲学史上，一些思想家对实践也有不少论述，如康德把实践看成是理性自主的道德活动；黑格尔把实践理解为主观改造客观对象的创造性的精神活动，尽管他触摸到了生产劳动的意义，认为劳动陶冶事物，但最终还是把实践限定在抽象的精神活动范围之内；费尔巴哈把实践与物质性的活动联系起来，但他所理解的实践又仅仅限于日常生活活动，并将实践等同于生物适应环境的活动。总之，他们都没有科学地理解人类实践的真正本质，没有看到实践在人类认识和整个社会生活中的决定性意义。

马克思科学阐明了人类实践的本质及其在认识世界和改造世界中的作用，创立了科学的实践观。他在《关于费尔巴哈的提纲》这个集中阐述科学实践观的重要文献中，阐明了实践是感性的、对象性的物质活动，提出全部社会生活在本质上是实践的，马克思主义实践观指出，实践就是由实践主体凭借实践工具作用于实践客体而形成的活动，是人们为了满足一定的需要而进行的能动地改造和探索客观物质世界的社会历史活动。实践是人类把握世界的一种基本方式，并鲜明指出"哲学家们只是用不同的方式解释世界，而问题在于改变世界"[①]。

[①] 《马克思恩格斯选集》第1卷，人民出版社1995年版，第61页。

(二) 实践是全部人与世界关系的基础

首先,实践是自然存在与社会存在区分和统一的基础。马克思、恩格斯吸收了黑格尔关于劳动中介性的思想,认为人是通过实践同自然界发生关系的,实践既是人类借以从自然界分化独立出来的根本力量,也是人与自然统一的基础。他们指出,人类正是通过改造自然界的生产实践才使自己同动物区别开来;而人类产生以后,又必须通过生产实践不断地从自然界获取生活资料,否则,人类就根本无法生存下去。其次,实践是人与社会关系形成的基础,是人与社会关系发展的决定力量。马克思、恩格斯在批评费尔巴哈看不到人通过实践对自然界的变革作用时,还提出了生产实践是"整个现存感性世界的非常深刻的基础","社会生活在本质上是实践的"。①,在马克思、恩格斯看来,实践是人与社会关系发展的决定力量,正如马克思所说:"环境的改变和人的活动的一致,只能被看作是并合理地理解为变革的实践。"② 最后,实践还是人与自身关系的基础。马克思、恩格斯认为,人通过实践,既改造了客观世界,同时也改造了人类自身。一方面,人类在实践活动中形成了自己特殊的本质。实践在创造人、使人类从自然界分化独立出来的同时,也就造就并印证了人类特有的本质。马克思、恩格斯指出,人类的特殊本质并不是人的自然生命和动物本质,也"不是单个人所固有的抽象物,在其现实性上,它是一切社会关系的总和"③。而一切社会关系都是建立在生产实践基础之上的,另一方面,人类通过实践也不断地扩

---

① 《马克思恩格斯全集》第一卷,人民出版社1995年版,第60页。
② 《马克思恩格斯选集》第一卷,人民出版社1995年版,第59页。
③ 《马克思恩格斯全集》第一卷,人民出版社1995年版,第60页。

大着自己的本质力量。在马克思、恩格斯看来，人的五官感觉的形成和发展，人的智力和思维能力的进步以及人本身从片面到全面的发展，其根源都深植于人类改造客观世界的实践活动之中。总之，马克思、恩格斯通过考察人与自然、人与社会以及人与自身关系的形成和发展，全面地展示了实践在人与世界关系中的基础地位。

（三）实践在认识活动中起着决定性的作用

马克思论证了实践在认识论上的优先性。马克思主义认为，在实践和认识之间，实践是认识的基础，实践在认识活动中起着决定性的作用。"实践的观点是辩证唯物论的认识论之第一的和基本的观点。"[①] 第一，实践是认识的来源。认识的内容是在实践活动的基础上产生和发展的。"凡是把理论导致神秘主义的神秘东西，都能在人的实践中以及对这个实践的理解中得到合理的解决。"人们只有通过实践实际地改造和变革对象，才能准确把握对象的属性、本质和规律，形成正确的认识，并以这种认识指导人的实践活动。第二，实践是认识发展的动力。实践的需要推动认识的产生和发展，推动人类的科学发现和技术发明，推动人类的思想进步和理论创新。恩格斯说："社会一旦有技术上的需要，这种需要就会比十所大学更能把科学推向前进。"[②] 第三，实践是认识的目的。人们通过实践获得认识，不是"猎奇"或"雅兴"，不是为认识而认识，其最终目的是为实践服务，指导实践，以满足人们生活和生产的需要。自然科学的不断创新，目的是推动技术的更大发展，创造更丰富的物质财富，

[①]《毛泽东选集》第1卷，人民出版社1991年版，第284页。
[②]《马克思恩格斯文集》第10卷，人民出版社2009年版，第668页。

给人类带来更多的福祉。人文社会科学的不断创新，目的是认识社会，认识人类自身，改造社会，建设精神文明，创造精神财富，促进人的自由而全面的发展。第四，实践是检验认识真理性的唯一标准。真理不是自封的。"判定认识或理论之是否真理，不是依主观上觉得如何而定，而是依客观上社会实践的结果如何而定。真理的标准只能是社会的实践。"① 也就是说，认识是否具有真理性，既不能从认识本身得到证实，也不能从认识对象中得到回答，只有在实践中才能得到验证。

（四）从实际出发

从实际出发，关键是要注重事实，从事实出发。恩格斯曾经把从事实出发看作唯物主义思想路线的根本点，并以此与从观念出发的唯心主义思想路线相对立。他还指出："我们对未来非资本主义社会区别于现代社会的特征的看法，是从历史事实和发展过程中得出的确切结论；不结合这些事实和过程去加以阐明，就没有任何理论价值和实际价值。"② 列宁指出："马克思主义是以事实，而不是以可能性为依据的。"③ 马克思主义者只能以经过严格和确凿证明的事实作为自己政策的前提。列宁还进一步阐明了应当从揭示规律的高度去把握事实，他认为："在社会现象领域，没有哪种方法比胡乱抽出一些个别事实和玩弄实例更普遍、更站不住脚的了。挑选任何例子是毫不费劲的，但这没有任何意义，或者有纯粹消极的意义，因为问题完全在于，每一个别情况都有其具体的历史环境。如果从事

---

① 《毛泽东选集》第1卷，人民出版社1991年版，第284页。
② 《马克思恩格斯文集》第10卷，人民出版社2009年版，第548页。
③ 《列宁专题文集论马克思主义》，人民出版社2009年版，第301页。

实的整体上、从它们的联系中去掌握事实,那么,事实不仅是'顽强的东西',而且是绝对确凿的证据。如果不是从整体上、不是从联系中去掌握事实,如果事实是零碎的和随意挑出来的,那么它们就只能是一种儿戏,或者连儿戏也不如。"① 科学社会主义就是从事实出发得出的科学结论,并且要求结合新的具体事实进行阐发和运用。总之,只有注重事实,才能真正做到从实际出发。

二、确立马克思主义实践观的必要性

当前改革创新的实践是当代中国最突出、最鲜明的特点。青年学生富有想象力和创造力,是改革创新的生力军,要在改革创新的实践中奉献祖国、服务人民、实现价值,让改革创新实践成为青春远航的强大动力。

实践出真知,实践长才干。在当代中国,社会发展离不开改革创新的实践,改革创新的实践是社会发展的重要动力。青年时期是创新创造的宝贵时期。当代青年学生既置身于全球新一轮科技革命和产业变革兴起的历史机遇期,又置身于我国迈向现代化强国的历史新征程,应当在全面深化改革的伟大实践中深深体悟改革创新精神,增强改革创新的意识,锤炼改革创新的意志,增强改革创新的能力本领,勇做改革创新实践的生力军,将马克思主义实践观体现在行动上,敢为人先、开拓进取,在改革创新实践中不断积累经验、取得成果、演绎精彩。

---

① 《列宁全集》第28卷,人民出版社1990年版,第364页。

三、坚持马克思主义的实践观，务实实干

（一）实干才能梦想成真

坚持马克思主义实践观，不能停留在对知识和方法的掌握上，还要内化为信念、外化为行动。习近平强调："面向未来，全面建成小康社会要靠实干，基本实现现代化要靠实干，实现中华民族伟大复兴要靠实干。"① 空谈误国，实干兴邦。2013年5月4日，习近平在同各界优秀青年代表座谈时的讲话中指出，"青年最富有朝气、最富有梦想。近代以来，我国青年不懈追求的美好梦想，始终与振兴中华的历史进程紧密相连。在革命战争年代，广大青年满怀革命理想，为争取民族独立、人民解放冲锋陷阵、抛洒热血。在社会主义革命和建设时期，广大青年响应党的号召，向困难进军，向荒原进军，保卫祖国，建设祖国，在新中国的广阔天地忘我劳动、艰苦创业。在改革开放历史新时期，广大青年发出团结起来、振兴中华的时代强音，为祖国繁荣富强开拓奋进、锐意创新。""历史总是要前进的，历史从不等待一切犹豫者、观望者、懈怠者、软弱者。只有与历史同步伐、与时代共命运的人，才能赢得光明的未来。"青年学生要勇敢肩负起时代赋予的重任，志存高远，脚踏实地，努力在实现中华民族伟大复兴的中国梦的生动实践中放飞青春梦想。

（二）一切从实际出发，实事求是

一切从实际出发，就是要把客观存在的事物作为观察和处理问

---

① 《习近平关于全面建成小康社会论述摘编》，中央文献出版社2016年版，第187页。

题的根本出发点，这是马克思主义认识论的根本要求和具体体现。从实际出发，就是要从变化发展着的客观实际出发，从特定的社会历史条件出发，按照客观世界的本来面目认识世界而不附加任何外来的主观成分。从根本上说，就是要从客观事物存在和发展的规律出发，在实践中按照客观规律办事。想问题、做决策、办事情必须从实际出发，而不能从本本出发。因为实际事物是具体的，而本本是对实际事物研究、抽象的结果，不能成为研究问题和做决策的出发点，出发点只能是客观实际。本本、理论、思想都是从实践中产生的，理论是否正确还要接受实践检验，并要在实践中得到丰富和发展；同时，理论只有与实际紧密联系，才能发挥对实践的指导作用，实现自身的价值和意义。理论如果脱离了实际，就会成为僵化的教条。坚持一切从实际出发，实事求是，关键在于求是，就是探求和掌握事物发展的规律。对事物客观规律的认识只能在实践中完成。勇于实践、善于实践，在实践中积累经验，进行理论升华，再用以指导实践、推动实践，在实践中使认识得到检验、修正、丰富和发展，这是认识客观规律的根本途径，也是把握客观规律的必由之路。

（三）实现理论创新和实践创新的良性互动

人类认识世界和改造世界的过程，是一个包含着创新的发展过程。创新就是破除与客观事物进程不相符合的旧观念、旧理论、旧模式、旧做法，在继承历史发展成果的基础上，发现和运用事物的新联系、新属性、新规律，更有效地进行认识世界和改造世界的活动。人类的创新活动归结起来，主要是理论创新和实践创新两个基本方面。

人类的创新活动具有丰富的内容和表现，包含着知识创新、制度创新、科技创新、文化创新等各方面创新。归结起来讲，主要是理论创新和实践创新两个基本方面，它们集中体现了人类在认识世界和改造世界中的创新活动。在理论创新与实践创新的相互关系中，实践创新具有基础性的意义。理论创新应建立在实践创新的基础之上。理论创新不是空穴来风，不是主观任意，而是实践创新对理论的发展提出了与时俱进的新要求。时代变化和实践发展是理论创新的源头活水，要根据时代变化和实践发展，进行理论总结和理论创新。因此，青年学生要学习掌握认识和实践辩证关系的原理，坚持实践第一的观点，不断推进实践基础上的理论创新。如习近平所指出的："我们党现阶段提出和实施的理论和路线方针政策，之所以正确，就是因为它们都是以我国现时代的社会存在为基础的。"历史也表明，社会大变革的时代，一定是理论大发展的时代。当代中国正经历着我国历史上最为广泛而深刻的社会变革，也正在进行人类历史上最为宏大而独特的实践创新。党的十八大以来国内外形势深刻变化和我国各项事业快速发展催生了习近平新时代中国特色社会主义思想，它回答了实践和时代提出的新课题，即在新的时代条件下坚持和发展什么样的中国特色社会主义、怎样坚持和发展中国特色社会主义这一重大理论和实践问题。

第十一章　马克思主义的生命观

生命观是个体对自然生命及其意义所持的基本看法和观点，是对生命的价值、生命质量等问题的根本看法和根本观点，也是一种生活态度和生活理想。青年学生的生命观不仅关系到青年学生能否健康地成长，更关系到其能否真正理解生命的意义与价值。在现实生活中，青年学生的生命观整体上理性、积极、乐观、平和，对生命本质的理解辩证而全面。但少数学生存在的问题也不容忽视。这些青年学生普遍存在生命意识淡漠、生命主体性弱化、生命意义迷茫等现象，在遭遇挫折或困境时，容易产生轻视生命、价值迷失、道德滑坡、意义失落、生活空虚等问题。因此，树立正确的马克思主义生命观，有助于青年学生建立健全的生命人格，领悟生命的崇高，发现生命的美好，懂得珍惜与热爱生命、敬畏生命，形成正确的生命认知、生命情感；有助于青年学生更深刻地认知生命价值，树立正确的生命本质观，并超越小我走向大我，在服务他人，贡献社会的过程中，实现对有限生命的超越，为生命的存在找到意义和价值，实现生命价值的升华。

一、马克思主义生命观的主要内容

马克思主义生命观旨在引导青年学生深刻认知生命无价、促进其精神上的自我觉醒、自觉地创造生命价值，提升生命价值。

（一）人的生命本质在于实践

马克思立足于人的实践活动理解和把握人的生命，并对其进行了全面的阐释。在他看来，费尔巴哈把人仅看作是"感性的直观"，而非"实践的、人的感性的活动"①。他认为："社会生活在本质上是实践的"②，"通过实践创造对象世界，改造无机界，人证明自己是有意识的类存在物"③。因此，实践是人的存在方式，对人的生命本质的理解要基于实践的基础之上。实践是人有目的的创造性活动，是人的生命存在与发展的前提和动力，人在实践中表现自我、肯定自身、确证生命的本质力量。对此，可从以下三方面予以理解：首先，人的生命是一种自然存在，具有自然属性，实践塑铸和发展其自然属性。劳动是积极的创造性的活动，是人所特有的自由自觉的活动，而其中，劳动创造了人，促进了人的发展。而物质生产实践为人的生命存在提供了必要的生活资料，从而满足生命的自然需要，维持生命的延续。马克思在《德意志意识形态》中写道："一切人类生存的第一个前提也就是一切历史的第一个前提，这个前提就是：人们为了能够'创造历史'，必须能够生活，但是为了生活，首先就

---

① 《马克思恩格斯选集》第1卷，人民出版社1995年版，第60页。
② 《马克思恩格斯选集》第1卷，人民出版社1995年版，第60页。
③ 《马克思恩格斯选集》第1卷，人民出版社1995年版，第46页。

需要衣、食、住以及其他东西。"① 没有劳动和实践为人提供这些必要的物质生活资料，人的生命将无法生存。人在实践中改造客观世界，同时也改造着人自身，使人的生命具有区别于动物生命的"属人"特性。实践改造和发展生命的自然属性，使人的生命成为"能动的自然存在物"。其次，人的生命还是一种社会存在，具有社会属性，实践生成和发展其社会属性。在马克思看来，"只有在社会中，人的自然存在对他来说才是人的合乎人性的存在"②。实践是人有意识的创造性活动，决定了人的生命存在的交往性、合作性和归属性，同时也决定了社会关系的广度和范围。实践是社会性的活动，营造了生命个体的现实生活场域，使其总是在一定的社会关系中进行实践活动。正是因为实践，生命个体才能在与他人的交往中相互合作、竞争和学习，从而丰富生命的意义，展现生命的价值。换言之，人的生命所具有的社会属性既是适应实践的需要而产生，又是通过实践而发展的产物。离开了实践，人的生命将无法展现其社会属性。最后，人的生命是一种有意识的存在，实践生成和发展其精神属性。"动物仅仅利用外部自然界，简单地通过自身的存在在自然界中引起变化；而人则通过他所作出的改变来使自然界为自己的目的服务，来支配自然界。"③ "有意识的生命活动把人同动物的生命活动直接区别开来。正是由于这一点，人才是类存在物。"④ 人的生命具有精神属性，人能在实践中展现自我的知识、能力等本质力量，使"自在之物"转化为"为我之物"，创造出属人的对象世界，同时也使

---

① 《马克思恩格斯选集》第 1 卷，人民出版社 1995 年版，第 79 页。
② 马克思：《1844 年经济学哲学手稿》，人民出版社 2014 年版，第 79 页。
③ 《马克思恩格斯选集》第 4 卷，人民出版社 1995 年版，第 383 页。
④ 马克思：《1844 年经济学哲学手稿》人民出版社 2014 年版，第 53 页。

自己成为主体性的存在，在实践中关照生命的生存际遇，追寻生命的意义，在激情与热情中发挥其生命价值潜能，展现生命的本质力量。可见，实践是人的生命发展的动力，人在实践中表现自己、实现自己、成为自己和确证自己，实现生命的价值。实践使人成为"有意识的存在物"，离开了实践，人的生命就无法展示其主体性，发挥其创造性，从而改造客观世界和生命本身。

（二）实现人的自由而全面发展是人的生命价值追求的根本目标

在马克思看来，人的生命在自由自觉的活动中表征其存在，也是一个不断扬弃和自我超越的过程，正是通过这种"物化"或"异化"，个体生命和它所处的物质世界也会在更高的程度上"人化"，并最终实现人的自由而全面发展。即人的主体性得到充分发展，个人的发展和人类的发展是协调一致的，人通过自由自觉的活动认识自我，并在实践中充分展现自我的生命潜能，最终达到人的自由个性的生成。由此可见，马克思主义生命观认为，人的生命价值追求的根本目标是实现人的自由而全面发展。全面发展中的"全面"是人的自然性和社会性的统一。人的自由而全面发展是对个体生命价值和人类命运的深切关怀。而人又具有社会属性，所以，应把个人的发展融入到人类社会的发展中，在实践的过程中意识到生命的有限、省察生命的意义、以死亡为参照，指向"生"的思考，努力于当下，积极进行自我塑造，追寻生命意义，实现生命的价值等。惟有如此，人才能深刻认知生命无价，追求人性的发展和完善，实现真正的自由发展。

(三)人的生命观是特定的社会关系与社会历史发展的反映

人作为一种特殊的生命存在物,并不是孤立存在的,而是处在一定的社会关系和联系之中,这是人与动物相区别的根本关系,因此,没有社会关系,也就没有真正意义上人的存在。马克思在《德意志意识形态》中指出:"那些发展着自己的物质生产和物质交往的人们,在改变着自己的这个现实的同时也改变着自己的思维和思维的产物。不是意识决定生活,而是生活决定意识。"① 那么,人在一定生活中形成对自我及其角色认识;在特定的社会关系中产生对自我、对他人、对社会的根本立场、观点和看法,便体现出相应的价值诉求。因此,人的实际生活过程形成了人特定的社会意识和生命价值取向,其生命认知和倾向都是生命主体自身的社会存在和生活经历的反映。此外,人处在一定的社会历史发展过程中,人的生命价值意识是社会历史发展的反映。

人作为社会存在是处在一定社会历史发展过程中,人既是历史的前提,也是历史的产物和结果。人的劳动实践的历史性决定了人和人特性的历史性,也决定了人的社会生活内容,反映了该时期的人的生命价值意识。在《〈政治经济学批判〉序言》中,马克思指出:"不是人们的意识决定人们的存在,相反,是人们的社会存在决定人们的意识"②;也就是指社会意识随着社会存在或实际生活的发展、变化而变化。只有在特定生活过程中,实际生活的当事人才可能形成特定的生命价值意识。在马克思看来,中世纪的等级制度把

---

① 《马克思恩格斯选集》第1卷,人民出版社1995年版,第73页。
② 《马克思恩格斯选集》第2卷,人民出版社1995年版,第32页。

人变成了一种直接受摆布的动物。那么，中世纪时期的社会生活是黑暗的，该时期人们的生命价值意识是对扭曲人性、压抑自由的宗教教育及黑暗生活的一种反映。生命价值意识随着人们的实际生活过程的发展而发展，同时又促使人们能动地变革自身生存环境。在不同的时代，由于社会传统、发展水平、社会制度、风俗习惯等方面的差异，生活于其中的人们有着完全不同的生命价值意识。由此可见，社会存在决定社会意识，社会意识是社会存在的反映，人的生命价值意识是人在一定的社会物质生活条件下，从事劳动，在实践中不断满足自我日益增长的物质文化需要，而获得更多的自由，促进生命发展的过程反映。

二、确立马克思主义生命观的必要性

（一）引导青年学生敬畏生命价值，克服消极的生命观

我国当前正处于深化改革的时期，新旧观念的交替、"物化"现象的影响，部分青年学生中存在着消极的生命观。一是生命意义的缺失与偏差。部分青年学生对人生目标和价值的感受程度不高，生命缺乏意义感，不可避免地出现消沉、无聊、空虚的精神状态，他们的流行言辞"郁闷"、"无所谓"等无不表达了内心世界的真实，呈现了一种生命无意义感的存在空虚。还有部分青年学生把生命目标置于生活化、具体化、短期化的目标，而缺少精神层面的选择力。如取得好的成就、择业能力的提升、做兼职挣钱等，而忽视了身心的健康。这表明了一些青年学生对生命意义的追求存在着一定的偏差，单纯追求和满足于某种具体的生活目标，仅将生命囿于短期的

目标，是无法建构丰满健康的精神世界的。当短暂的物质化目标实现后，心灵的空虚便会占据他们的内心。这种生命意义的偏差会给青年学生带来强烈的无意义感，产生焦虑、迷茫的情绪，从而迷失人生的方向。二是生命价值的自我化与功利化。一些学生认为，生命的价值主要是自我价值的体现，这说明部分青年学生在生命价值目标选择上更注重个人的价值，产生疏离社会价值的倾向。而马克思主义生命观指出，生命的过程应该是乐观、奋斗的，生命不息，奋斗不止，人在社会中要以奋斗的人生态度来不断地发展自己，完善自己，正确对待生死，实现生命超越，并且要以乐观的态度来面对生命过程中的困难和挫折，克服困难，战胜困难。同时，马克思指出人生命的价值表现为奉献社会和完善自我的有机统一，人作为社会存在物，只有在与他人、与社会的交往中才能体现人的价值。由此，确立马克思主义生命观有助于青年学生更深刻地认知生命价值，引导他们尊重生命价值，实现生命价值的升华，把握生命的真谛。

（二）指导青年学生深刻地认知生命价值，主动创造和提升生命价值

青年是社会中最富有朝气和梦想、最具有积极性和创造性的群体。然而，部分青年还存在着缺乏对生命价值进行深入思考的自觉性，其理想和目标不明，忽视生命的真正意义和价值。如选择职业时，他们认为最重要的择业标准，主要是较为稳定和轻松，生活有保障、工作岗位有广阔的发展前景、可观的收入等等，更侧重于个人理想目标的规划与实现，表现出强烈的现实主义倾向。这表明部分青年学生更注重现实、注重个人利益和眼前利益，价值目标选择

的功利化倾向，不能较好地兼顾个人理想和社会理想的统一，在丰富的物质世界里，他们对"何以为生"的知识和本领的关注高于"生而为何"的价值关心。为了提升就业的竞争力，他们用更多的时间和精力去学习实用的知识，提高自我的能力，他们忙于考取各种各样的资格证书，为未来的职业做好提前准备，这种仅仅致力于"何以为生"的价值目标，而缺乏终极价值的审视，放弃了对"生而为何"的思考与领悟，常常使这些青年学生在获得暂短的喜悦后，又立刻陷入更多的迷茫之中，产生程度不同的生命困惑，严重者甚至将走向自我生命的毁灭。青年是人生的重要阶段，对他们进行马克思主义生命观教育，有助于培养其责任意识，更深刻地认知生命价值，将生命价值的认知由自在向自为、由自发向自觉转化，主动创造生命价值和提升生命价值，并自觉地将个人的成长成才融入到中华民族伟大复兴的洪流伟业中，在为实现中国梦的生动实践中彰显其生命价值，促进人的自由全面发展。

三、坚持马克思主义的生命观，积极担当

（一）把生命价值的实现与积极的实践结合起来

近年来，高校大学生非正常死亡的案例时有发生，自杀、漠视生命、践踏生命尊严等，除了让社会震惊、惋惜、痛心外，还给家庭、学校和社会造成极大损失。青年学生学会关心自我、关心他人、热爱生命、关心社会，树立正确的生命观，做出正确的价值选择的重要性日益凸显出来。马克思主义的生命观认为，实践使人成为"有意识的存在物"，离开了实践，人的生命无法展示其主体性。发挥其创造性，能改造客观世界和生命本身；离开实践，人的生命将无法展现其精神属性。青年学生是社会的重要群体，作为中国特色社会主义的建设者和接班人，其生命价值取向、理想目标的定位对于实现中华民族伟大复兴具有重要的意义。同时，只有在广阔的社会实践中，青年学生才能不是仅仅沉溺于"小我"和个人的悲欢得失之中不能自拔，而是通过实践探索生命价值、提升生命价值，使其生命意义与价值取向在更高、更深的层面彰显。

（二）把生命价值的实现与国家富强、民族复兴结合起来

青年学生是未来国家实现中国梦的重要力量，他们视野开阔、思维活跃，正处于生理成熟和精力旺盛的时期。这个时期也是他们追寻生命意义、探索生命价值最困惑的阶段，他们对自我的发展怀有一定的梦想与期待，正是这种内在的动力，促使其以主动的姿态，不断地探索和实践，从而实现自我、展现青春的力量。马克思主义的生命观认为，只有把人生理想融入国家和民族的事业中，才能最终成就一番事业。"生命价值是人的生命所具有的自我价值和社会价值的辩证统一"。① 这为青年学生的成长、成才指明了前进的方向，提出了新的要求，赋予了新的意义。"青年一代有理想、有担当，国家就有前途，民族就有希望，实现中华民族伟大复兴就有源源不断的强大力量。"② 中国梦是国家富强、民族振兴的梦，更是青年一代的梦，它为青年学生的成长与发展赋予了新的时代意义。因此，青年学生不仅要成就自我，还要履行相应的责任，肩负起时代赋予的

---

① 《马克思恩格斯选集》第2卷，人民出版社1995年版，第32页。
② 习近平：《在同各界优秀青年代表座谈时的讲话》，载《中国高等教育》，2013年第10期。

重任,担当学习与创新的责任、服务于民众的责任,自觉地追求人生理想、担当重任,成为对国家和社会有用的人,为社会发展、国家富强、民族复兴贡献自己的力量,把自我的实现与国家富强、民族复兴结合起来,胸怀大志,不断地丰富和提升生命的意义,在实现中国梦的实践中彰显其生命价值,让自我的青春更加饱满。

(三)把生命价值的实现与促进人的全面发展结合起来

促进人全面发展的客观要求人的全面发展是,"人以一种全面的方式,也就是说,作为一个完整的人,占有自己的全面的本质"[①]。如果青年学生缺乏正确的生命价值观念,也就没有人的发展,更谈不上人的全面发展。马克思主义经典作家关于人的自由而全面发展的思想揭示了生命的真谛,同时也向世人澄明生命应该有理想和方向,人应自觉地将个人的理想融入到国家和民族的事业中,努力进行生命价值的创造与实践。青年学生应深入理解和思考马克思主义经典作家关于人的自由而全面发展的思想,才能更深刻地认知生命价值,培养生命情感,用积极的情感导引其价值追求,进而通过对生命意义的追求,成为具有责任意识的人,担当起实现中华民族伟大复兴的时代使命,成为德才兼备、全面发展的合格建设者和接班人,在实现中华民族伟大复兴的洪流伟业中展现其生命价值,更好地实现人的全面发展。

---

① 《马克思恩格斯全集》第42卷,人民出版社1979年版,第123页。

结 语

一代青年有一代青年的历史际遇。当前,中国特色社会主义进入新时代。这个新时代,是承前启后、继往开来、在新的历史条件下继续夺取中国特色社会主义伟大胜利的时代,是决胜全面建成小康社会、进而全面建设社会主义现代化强国的时代,是全国各族人民团结奋斗、不断创造美好生活、逐步实现全体人民共同富裕的时代,是全体中华儿女勠力同心、奋力实现中华民族伟大复兴中国梦的时代,是我国日益走近世界舞台中央、不断为人类做出更大贡献的时代。这一崭新的时代,为当代青年特别是当代大学生提供了实施人生才华的极为有利的历史机遇。

当代青年要积极投身新时代中国特色社会主义建设事业,做新时代青年马克思主义者,勇做担当中华民族伟大复兴大任的时代新人。我们的国家正在走向繁荣富强,我们的民族正在走向伟大复兴,我们的人民正在走向更加幸福美好的生活。展望未来,我国青年一代肩负历史重任,必将大有可为,也必将大有作为。做新时代青年马克思主义者,就要坚定理想信念。马克思主义是我们信仰的源头,在深刻揭示人类社会发展规律的基础上,第一次提出了实现以人的自由而全面的发展为本质特征的共产主义这一崇高理想，站在了人类道义制高点上，为我们提供了具有坚实理论支撑、代表人类对未来社会美好期待的科学信仰体系。对于当代中国青年来讲，既要坚定共产主义远大理想，又要坚定中国特色社会主义共同理想。心中有信仰，脚下才会有力量。

做新时代青年马克思主义者，就要站稳人民立场。人民立场是马克思主义的根本立场，体现着马克思主义的价值取向。我们信仰马克思主义，矢志为共产主义而奋斗，说到底，就是为了最广大人民群众的利益而奋斗。

做新时代青年马克思主义者，就要积极投身实践。马克思主义具有鲜明的实践品格，不仅致力于科学"解释世界"，而且致力于积极"改变世界"。习近平总书记强调，社会主义是干出来的，新时代也是干出来的。对于当代中国青年来讲，实践的天地极为广阔。新时代是奋斗者的时代，新时代的青年马克思主义者就要拿出奋斗者的姿态，葆有接续奋斗、艰苦奋斗、不懈奋斗的精神状态。

参考文献

[1]《不断汲取马克思主义的科学智慧和理论力量》,载《人民日报》,2018年5月8日。

[2] 陈彬、牟丽:《马克思主义道德观的内涵探析》,载《科教文汇》(中旬刊),2016年第2期。

[3] 陈超、姜华:《新时期社会思潮影响青年的趋向与应对》,载《中国青年研究》,2013年第5期。

[4] 陈少雷:《习近平"人类命运共同体"思想的哲学阐释》,载《理论探讨》,2018年第7期。

[5] 陈占安、张雷声、钟明华等:《加强马克思主义理论学科建设,提升马克思主义理论学科的引领作用——学习贯彻〈关于进一步加强和改进新形势下高校宣传思想工作的意见〉笔谈》,载《思想理论教育导刊》,2015年第2期。

[6] 陈文旭:《科学把握马克思主义的鲜明特征》,载《长江日报》,2018年6月6日。

[7] 陈先达:《论马克思主义基本原理及其当代价值》,载《马克思主义研究》,2009年第3期。

[8] 常莎，王茜：《论马克思主义实践观的创新性》，载《河北青年管理干部学院学报》，2011年第23期。

[9]《邓小平文选》第3卷，人民出版社1993年版。

[10] 苟国旗：《当代青年学生马克思主义价值观培育研究》，电子科技大学2013年博士论文。

[11] 顾海良：《"马克思主义基本原理概论"课课程建设的新境域——学习习近平总书记系列重要讲话的有关论述》，载《思想理论教育导刊》，2014年第11期。

[12] 何广平：《马克思主义宗教观及其当代价值》，中共上海市委党校2011年硕士论文。

[13] 胡华丹：《青年学生马克思主义历史观教育现状及对策研究》，西南大学2017年博士论文。

[14] 蒋少容：《当代大学生生命价值教育研究》，上海大学2017年博士论文。

[15] 霍晟：《马克思主义道德观与当代青年学生道德建设研究》，云南农业大学2013年硕士论文。

[16]《马克思恩格斯全集》第39卷，人民出版社1974年版。

[17]《马克思恩格斯选集》第2、4卷，人民出版社1995年版。

[18]《毛泽东著作专题摘编》上卷，中央文献出版社2003年版。

[19]《毛泽东选集》第3卷，人民出版社1991年版。

[20]《毛泽东思想和中国特色社会主义理论体系概论》，高等教育出版社2018年版。

[21] 靳辉明：《深入研究马克思主义基本原理的几点思考》，

载《高校理论战线》，2009年第6期。

［22］靖斯亮：《青年学生马克思主义宗教观教育研究》，天津商业大学2015年硕士论文。

［23］贾樱：《青年学生马克思主义生态观教育研究》，重庆工商大学2015年硕士论文。

［24］梁树发：《马克思主义整体性与基本原理体系的建构》，载《教学与研究》，2007年第11期。

［25］《列宁专题文集·论马克思主义》，人民出版社2009年版。

［26］刘子群：《马克思主义人生观理论解读》，载《新西部（理论版）》，2016年第9期。

［27］刘阳：《马克思道德观及其当代价值研究》，东南大学2017年硕士论文。

［28］李永山、杨磊、李彩平、李颜悦：《马克思主义人生观与青年学生思想道德教育研究》，载《石家庄职业技术学院学报》，2013年第25期。

［29］卢颖华：《青年学生马克思主义宗教观教育研究》，中国地质大学2013年硕士论文。

［30］李大芳：《青年学生马克思主义宗教观教育研究》，电子科技大学2013年博士论文。

［31］吕其镁、张嘉娣：《加强青年学生马克思主义历史观教育论析》，载《思想理论教育导刊》，2017年第1期。

［32］梅荣政：《对马克思主义基本原理科学体系的几点思考》，载《思想理论教育导刊》，2012年第1期。

［33］梅荣政：《什么是马克思主义基本原理——五个马克思主

义文本有关论述的研究》，载《马克思主义研究》，2009 年第 4 期。

[34] 逄锦聚：《"马克思主义基本原理概论"课教学中需要妥善处理的六个关系》，载《思想理论教育导刊》，2012 年第 9 期。

[35] 逄锦聚：《新时代新课题与中国特色社会主义政治经济学的新使命》，载《经济纵横》，2018 年第 1 期。

[36] 彭喜保：《马克思主义生态观及其现实意义》，载《重庆理工大学学报（社会科学）》，2013 年第 27 期。

[37]《思想道德修养与法律基础》，高等教育出版社 2018 年版。

[38] 孙秋卉：《马克思主义生命观教育研究》，西安外国语大学 2018 年硕士论文。

[39] 王莉丽、祁明明：《"人类命运共同体"思想的哲学思考》，载《延边党校学报》，2018 年第 34 期。

[40] 魏文刚：《青年学生马克思主义历史观教育研究》，辽宁大学 2017 年博士论文。

[41]《习近平谈治国理政》第 2 卷，外文出版社 2017 年版。

[42]《习近平总书记重要讲话文章选编》，中央文献出版社 2016 年版。

[43]《习近平在纪念马克思诞辰 200 周年大会上讲话摘编（一）》，载《世纪桥》，2018 年第 5 期。

[44] 习近平：《决胜全面建成小康社会　夺取新时代中国特色社会主义伟大胜利》，载《人民日报》，2017 年 10 月 28 日。

[45] 叶启绩：《关于马克思主义及其基本原理与整体性的思考》，载《思想理论教育》，2016 年第 1 期。

[46] 赵健：《马克思主义职业观视阈下的青年学生职业观教育

论析》，载《高校辅导员》，2015 年第 10 期。

［47］张雷声：《马克思主义方法论与思想政治理论课教学》，载《思想理论教育导刊》，2011 年第 9 期。

［48］张雷声、龙晓菲、邓春芝：《马克思主义基本原理学科研究报告（2006—2011）》，载《思想理论教育导刊》，2012 年第 6 期。

［49］张雷声：《21 世纪马克思主义中国化的真理力量》，载《人民论坛》，2017 年第 S2 期。

［50］张雷声：《从世界观、方法论相统一角度研究马克思主义基本原理整体性》，载《马克思主义研究》，2012 年第 4 期。

［51］张雷声：《世界观、方法论与马克思主义基本原理的整体性》，载《教学与研究》，2011 年第 12 期。

［52］张雷声：《论坚持和发展马克思主义基本原理》，载《教学与研究》，2009 年第 7 期。

［53］张雷声：《论马克思主义基本原理及其科学体系》，载《教学与研究》，2007 年第 8 期。

［54］张建云：《科学把握马克思主义基本原理体系的方法和原则》，载《马克思主义研究》，2012 年第 8 期。

［55］张扬：《当代中国马克思主义世界观和方法论探析》，载《新西部（理论版）》，2015 年第 5 期。